Julia Kraushaar

Kaleidoskopisches Erzählen

Die gegenseitige Durchdringung von Fotografie und Prosa bei W.G. Sebald

Diplomica Verlag GmbH

Kraushaar, Julia: Kaleidoskopisches Erzählen: Die gegenseitige Durchdringung von Fotografie und Prosa bei W.G. Sebald. Hamburg, Diplomica Verlag GmbH 2013

Buch-ISBN: 978-3-8428-9530-0
PDF-eBook-ISBN: 978-3-8428-4530-5
Druck/Herstellung: Diplomica® Verlag GmbH, Hamburg, 2013

Bibliografische Information der Deutschen Nationalbibliothek:
Die Deutsche Nationalbibliothek verzeichnet diese Publikation in der Deutschen Nationalbibliografie; detaillierte bibliografische Daten sind im Internet über http://dnb.d-nb.de abrufbar.

Hermannstal 119k, 22119 Hamburg
http://www.diplomica-verlag.de, Hamburg 2013
Printed in Germany

1 Inhaltsverzeichnis

I somehow expect you / To find me there
PJ Harvey – Silence
Zerstöret das Letzte / Die Erinnerung nicht
W.G. Sebald – Die Ausgewanderten

2 Einleitung

Der beeindruckende Ton von Sebalds Prosa, die zwischen Fakt und Fiktion ebenso changiert wie zwischen fotografischem Erzählen und akribischer Geschichtsschreibung, hat besonders nach seinem Unfalltod im Dezember 2001 viele Menschen in seinen Bann gezogen. Den größten Verdienst trägt dabei die im Text entstehende Forderung an den Leser, sich als Teil einer sensiblen Erinnerungskultur persönlich einzubringen. Sebald schafft es in seiner Rekonstruktion von Vergangenheit, der im 20. Jahrhundert mehr und mehr in Zweifel gezogenen Fotografie eine neue Relevanz als Medium der Erinnerung im literarischen Text zuzuweisen. Die Fiktion als Gedächtnisort erweist sich bei diesem Projekt als die der Zerbrechlichkeit des Individuums Raum gebende Form eines Erzählens, das sich auch als eine Kontemplation der Menschheitsgeschichte der Zerstörung und als ein Festhalten an der Hoffnung auf Einsicht und Umkehr versteht.

Diese Studie untersucht die fotografischen Abbildungen in ihrem Verhältnis zum Erzähltext in den drei Prosawerken *Schwindel. Gefühle.*, *Die Ausgewanderten* und *Austerlitz*. Der Idee liegt die Tatsache zu Grunde, dass „Photographie und Photographien [...] in den einzelnen Texten Sebalds unterschiedlich eingesetzt [...]"[1] werden und dass von ihnen eine Verweiskraft und Konstituierung im Gesamtwerk ausgeht, die in den Betrachtungen von Einzelwerken in der Forschung oft nur marginal zur Sprache kommt. Die vielfältigen Verbindungswege zwischen dem Erzähltext der drei Prosawerke, der zwischen dokumentarisch und fiktional schwankt, und der Fotografie zwischen banaler Tautologie und intertextuellem Verwirrspiel gaben den Anstoß zu dieser werkübergreifenden Untersuchung.

Eingrenzung der Textauswahl, Begründung

Die drei erwähnten Erzählungen werden durch einen Ich-Erzähler geleitet, der sich mit der Vergangenheit seiner Mitmenschen auf verschiedene Arten auseinandersetzt. Die Besonderheit bei Sebalds *Annäherungen an die Vergangenheit*[2] besteht darin, dass er einen Ich-Erzähler einsetzt, der unterschiedlich stark Präsenz zeigt, durch dessen Blick die Figuren und Geschichten aber einen fiktiven Charakter annehmen. Gleichsam sind die Erzählungen von Fakten- und Weltwissen durchdrungen. Die Erzählung *Die Ringe des Saturn* wurde in der Analyse weitgehend

1 Alexandra Tischel: *Aus der Dunkelkammer der Geschichte.* In: Claudia Öhlschläger: *W.G. Sebald. Politische Archäologie und melancholische Bastelei*, S.31-45, hier S.32.

2 In Anlehnung an Antje Tennstedt: *Annäherungen an die Vergangenheit bei Claude Simon und W.G. Sebald am Beispiel von* Le Jardin des Plantes, Die Ausgewanderten *und* Austerlitz. Rombach, Freiburg/Berlin/Wien 2007.

ausgelassen, da Inhalt und besonders Fotos über weite Teile um historische Personen kreisen.[3] Zwar wird auch in diesem Werk eine fiktive Welt durch den Erzähler entworfen, die Verwechslung von Faktizität und Fiktionalität des Textes wird hier jedoch deutlicher getrennt und eingearbeitet als in anderen Texten, in denen Schicksale im Mittelpunkt stehen, die nur in Sebalds Text Erwähnung finden. Aus demselben Grund werden auch die erste und die dritte Erzählung in *Schwindel. Gefühle.* nicht behandelt. Franz Kafkas und Stendhals autobiografische Schriften und die von zahlreichen Forschungsarbeiten erbrachte Rekonstruktion ihrer geschichtlichen Existenz sind nach Ansicht der Verfasserin ausreichende Folien, die diese Texte vom Ansatz dieser Studie ausschließen.

Um den Rahmen dieser Studie zu erfüllen, können nur einige der Fotografien der erwähnten Werke besprochen werden, die in ihrem Gesamtzusammenhang mit dem jeweiligen Text und den anderen Texten eine wegweisende Rolle spielen. Dieser Umstand erklärt sich durch die Verweiskraft der Fotografien, in der ihre Fiktionalität begründet ist.

Kapitel I

Sebalds Prosawerke werden dem neuen Genre „Foto-Text"[4] bzw. „Ikonotext"[5] zugeordnet, demnach tragen zwei unterschiedliche Medien zur Fiktionalität des Gesamtwerks bei. Im ersten Abschnitt werden fiktionale und fiktive Erzählstrategien auf der textlichen Ebene untersucht.

Sebalds Prosawerke tragen die Züge vieler literarischen Genres, namentlich der Autobiografie, Biografie, Reiseliteratur und Historiografie. All jene Genres haben die Eigenschaft gemein, von der Wirklichkeit – von etwas, was dem Autor zufolge wirklich passiert ist – erzählen zu wollen. Dabei ist es dem Autor ein Anliegen, das Gewesene gleichzeitig besonders glaubwürdig wiederzugeben. Das wichtigste Merkmal, das Sebalds Werke vom faktualen Erzählen zu unterscheiden scheint, ist der Umstand, dass er einen Erzähler einsetzt[6], eine „abstrakte Instanz oder Funktion eines narrativen Textes […], die nicht mit dem Autor identisch ist"[7]. Sebalds Ich-Erzähler schafft es, durch unterschiedliche erzählerische Mittel eine Transparenz der fiktiven Textwelt herzustellen. Das heißt, er unternimmt Versuche, den Leser von seiner Rolle abzulenken und scheint ausgehend von seinem fiktionalen Erzählen auf ein faktuales Erzählen hin zu zielen.

3 Die Ausnahme im Hinblick auf Sebalds Erzählerfigur ist die Fotografie in *Die Ringe des Saturn*, auf der der Autor an einen Baum gelehnt zu sehen ist (vgl. 2.5.1)

4 Diesen Begriff verwendet und fundiert Thomas Steinaecker in seiner Vergleichsstudie *Literarische Foto-Texte.*

5 Alex Seiler wählt diese Bezeichnung in *„Als hätten die Bilder selbst ein Gedächtnis".*

6 „[...] die interne Fokalisierung, jenes typische Fiktionalitätskriterium […]" Gérard Genette, *Fiktion und Diktion*, Fink, München 1992, S.79.

7 http://de.wikipedia.org/Erzähler, abgerufen am 10.7.2011.

Ganz im Sinne von Sebalds eigener Auffassung, dass „an der Nahtstelle zwischen Dokument und Fiktion literarisch die interessantesten Dinge“[8] entstehen, durchbricht er die Erzähler-Autor-Unterscheidung. Er erreicht auf diese Weise nicht nur eine erhöhte Eindringlichkeit der fiktiven Welt und eine Parallelisierung der Welten von Leser und Erzähler, sondern erteilt durch den eigenen Anspruch an sein Projekt der Vermessung der Welt mittelbar einen Auftrag zum Nachforschen und Vervollständigen seiner Erinnerungskultur, die er der konventionellen Geschichtsschreibung entgegenstellt.

Fiktionalität wird auch erreicht durch die Vermitteltheit der Wiedergabe von Aussagen der sprechenden Figuren, denen der Autor begegnet und die er erzählen lässt. Da diese Berichte durch die Sebaldsche Erzählstimme wiedergegeben werden, „klingt“ die intradiegetische Erzählung nicht bloß gleich wie jene des Erzählers, sie erzeugt auch in einer ähnlichen Wertung ein Gleichgewicht zwischen Fakten aus dem eigenen, vergangenen Leben und den selten für die Erzählung wirklich notwendigen Ausführungen der Peripherie.

Die Technik des fotografischen Erzählens verweist bereits auf die latente Thematik der Fotografie in seinem Werk, soll hier jedoch zunächst als fiktionale Strategie untersucht werden. Darin angelegt ist bereits eine die Vergangenheit sezierende Forschungstätigkeit, die sich auf historische Ereignisse und persönliche Erfahrungsberichte bezieht.

Da Sebalds Prosa sich nahezu immer an einer Reise entzündet, wird auch dieser Aspekt als fiktives Merkmal betrachtet. Die Fremdheitserfahrung ist bei Sebald ein gleichzeitig erlösendes wie bedrohendes Moment, das den Nährboden für die eingehende Selbstbetrachtung wie die Kontemplation und das Schreiben bereitet.

In einem letzten Schritt innerhalb der reinen Textbetrachtung soll vor allem auf die in nahezu allen Texten zu findenden Stellen der Überrealität eingegangen werden: Traum, Alptraum, Wahn und Halluzination bzw. Vision sollen als parallele Überwirklichkeiten im Erzähltext analysiert und ihr fiktiver Charakter herausgestellt werden.

Kapitel II

Die Präsenz des Mediums Fotografie ist in den betrachteten Werken unübersehbar und dominiert den ersten Eindruck. Nach einem kurzen Abriss über den Gegenstand *Foto-Text* und bisherige Forschungstexte zum Foto bei Sebald werden verschiedene Aspekte beleuchtet, die sowohl die Fotografie als Medium als auch das Foto in Sebalds Text betreffen.

Zunächst werden die für Sebalds Texte wichtigsten Thesen aus den beiden einschlägigen fototheoretischen Intertexten, nämlich Roland Barthes' *Die helle Kammer*[9] und Susan Sontags

8 Carole Angier: *Wer ist W.G. Sebald?* In Franz Loquai (Hg.): *W.G. Sebald.* Eggingen 1997, S.43-50.

9 Roland Barthes: *Die helle Kammer. Bemerkungen zur Photographie.* Suhrkamp, Frankfurt am Main 1989.

Essayband *Über Fotografie*[10] in einem Abschnitt zur Fototheorie vorgestellt. Dazu gehört der besondere Realitatsbezug der Fotografie, aus dem sich das die Verwendung von Fotos immer noch prägende Verständnis vom Foto als Dokument speist. Dies ist ein Verständnis des Mediums Fotografie, die sich Sebald in seinen Texten zunutze macht. In einem Interview bemerkt der Autor:

> „Die Photographie ist das wahre Dokument par excellence. Von einer Photographie lassen sich die Leute überzeugen."[11]

Die Fotografie scheint dem Streben des Sebaldschen Textes nach Authentizität zunächst Nachdruck zu verleihen. In ihrer neuen, zusätzlichen Eigenschaft als Textbegleiter aber erhalten und verlieren die Fotos neue Dimensionen der Unschuld bzw. des Beteiligtseins.

In Bezug auf die Fiktionalisierung des Ikonotextes erlangt das eingebettete Foto aufgrund der Eigenschaft, einen unwiederbringlichen Augenblick im historischen Zeitgefüge festzuhalten, eine besondere Stellung, die sich im Text niederschlägt und an vielen Stellen in *Austerlitz* ihre textliche Entsprechung findet.

Einen weiteren Schwerpunkt in der Betrachtung von Sebalds Fotografien bildet die Seite der Rezeption; sie wird in den Foto-Betrachtungen in Kapitel III auch zur Sprache kommen, weil es sich bei dem die fiktionalen Fotos umgebenden Text oft um die Beschreibung von Rezeptionsvorgängen handelt:

> „Das Erstaunliche an Sebalds Text ist [...] die Tatsache, daß einige der Bilder, die die Figuren betrachten [...] dem Leser als Abbildungen im Roman selbst präsentiert werden und dadurch eine fiktionsexternePerspektive auf die Bilder geschaffen wird."[12]

Eine Übersicht über die verschiedenen Theorien zu Funktionen von Sebalds Fotografien wird in Kapitel 2.3 gegeben. Für die Betrachtungen im dritten Kapitel werden jene der (scheinbaren) Beglaubigung als auch des Erzähl- und Handlungsimpulses herausgegriffen, die zur Fiktionalisierung der Fotos beitragen und durch die Sebald jene Entfremdung des Mediums Fotografie von der Wirklichkeit zur Einbindung in seine Prosa erreicht.

---

10 Susan Sontag: *Über Fotografie.* Carl Hanser, München 1978.

11 Christian Scholz/W.G. Sebald: *„Aber das Geschriebene ist ja kein wahres Dokument". Ein Gespräch mit dem Schriftsteller W. G. Sebald über Literatur und Photographie.* In: Neue Zürcher Zeitung 26./27.02.2000, S.51f., hier S.51.

12 Alexandra Tischel: *Aus der Dunkelkammer der Geschichte. Zum Zusammenhang von Photographie und Erinnerung in W.G. Sebalds* Austerlitz. In: Michael Niehaus, Claudia Öhlschläger (Hg.): *W.G. Sebald. Politische Archäologie und melancholische Bastelei.* Erich Schmidt, Berlin 2006, S.31-45, hier S.39.

Kapitel III

Aus den Definitionen des Ikonotextes[13] ergibt sich für die Sebald-Forschung in den Augen der Verfasserin die Pflicht, die Fotos *nie ohne den sie direkt umgebenden Text* zu betrachten. Auch wenn das Foto als Bedeutungsträger innerhalb eines Erzähltextes eine über seine Positionierung hinausgehende Verweiskraft besitzt, ist die analytische Arbeit mit Fotos im literaturwissenschaftlichen Diskurs unabdingbar an die Kompositionsstruktur gebunden, die der Autor vorgegeben hat.[14]

Die Werke *Die Ausgewanderten*[15] (DA) und *Schwindel. Gefühle.*[16] (SG) und *Die Ringe des Saturn*[17] (SG) sowie *Austerlitz*[18] (A) werden in den Fassungen der Erstausgaben zitiert.

---

13 „*Iconotexte* zeichnen sich dadurch aus, dass in ihnen die beiden Medien nicht bloß nebeneinander gestellt werden, sondern untrennbar miteinander verbunden sind." Torsten Hoffmann/Uwe Rose: „*Quasi jenseits der Zeit.*" S.594. Auch Alex Seiler benutzt den Fachterminus *Ikonotext*: „[...] ein Artefakt, in dem [...] nicht nur der Text, sondern auch die Abbildungen als konstitutive Elemente angesehen werden müssen." „*Als hätten die Bilder selbst ein Gedächtnis*", S.14.)

14 In diesem Zusammenhang ist es bemerkenswert, dass in der englischsprachigen Ausgabe sowie in den gebundenen bzw. den Taschenbuchausgaben verschiedentlich Fotos fehlen, Abbildungen beschnitten oder der Ausschnitt vergrößert wurde, - an ihrer exakten Position im Text wurde jedoch weder editorisch noch in späteren Auflagen etwas verändert.

15 W.G. Sebald: *Die Ausgewanderten. Vier lange Erzählungen.* Eichborn, Frankfurt am Main 1992.

16 W.G. Sebald: *Schwindel. Gefühle.* Eichborn, Frankfurt am Main 1990.

17 W.G. Sebald: *Die Ringe des Saturn.* Eichborn, Frankfurt am Main 1995.

18 W.G. Sebald: *Austerlitz*. Carl Hanser, München/Wien 2001.

3 Aspekte des Erzählens bei W.G. Sebald

„Mein Medium ist die Prosa, nicht der Roman." W.G. Sebald[19]

Sebald verfolgt verschiedene Strategien, um die Vermischung von Fiktionalität und Authentizität zu erreichen. Sein wichtigstes Werkzeug hierbei ist der Ich-Erzähler, der sowohl zu den Figuren des Textes, die immer Merkmale von real existierenden oder historischen Figuren tragen, als auch zum Leser eine besondere, weil intime und gleichzeitig distanzierte Beziehung unterhält. Dieser Erzähler, der es schafft, trotz einer minutiösen Berichterstattung und unter Einflechtung auch der eigenen persönlichen Unzulänglichkeiten auf eine taktvolle, behutsame Art zu erzählen, soll im Mittelpunkt des ersten Kapitels dieser Studie stehen.

Gegenstand: Fiktion

Da im ersten Kapitels verschiedene textinterne (fiktive) und -externe (fiktionale) Beglaubigungsstrategien des Erzählers bzw. des Autors untersucht werden sollen, wird die Abgrenzung der Begriffe an dieser Stelle kurz zusammengefasst. Meike Herrmann erläutert (Frank Zipfel paraphrasierend) die Begriffe „fiktional" und „fiktiv" folgendermaßen:

> „Auf der Ebene der Story meint *Fiktivität* die dargestellte Handlung, die als real oder fiktiv zu bewerten ist. Auf der Ebene des Diskurses meint *Fiktionalität* die Vermittlung oder Erzählung dieser Handlung. Fiktion ist dann der Oberbegriff für fiktive, fiktional erzählte Texte. Eine gängige Bestimmung von Fiktion ist (auf Ebene der Fiktivität) die einer Rede ohne Anspruch auf Referentialisierbarkeit."[20]

Gérard Genette streicht bei fiktionalen Texten eine „Vereinbarung der gegenseitigen Nichtverantwortlichkeit"[21] zwischen Rezipient und Autor heraus, die auch Lars Blunck zufolge das Hauptkriterium für fiktionale Texte ist:

> „Anders als Täuschungen verdanken sich Fiktionen [...] gerade des (gleichsam wohlwollenden) Gewahrseins der Fiktivität der in ihnen zur Anschauung gelangenden Wirklichkeiten, andernfalls sie nicht als Fiktionen, sondern als Fakten, nicht als fiktive Wirklichkeiten, sondern als faktuale (oder auch vorgetäuschte) Wirklichkeiten aufgefasst würden."[22]

Demgegenüber wendet Sebald sowohl auf der fiktiven als auch der fiktionalen Ebene Strategien an, die dem Leser eine Kongruenz der fiktiven Welt mit der Realität suggerieren. Dazu gehört die große Detailtreue; durch den sezierenden Blick dieses Erzählers und eine Beschreibungsästhetik, die sich in erzählerisch gedehnten Passagen manifestiert, erhält der Text eine höhere Glaubwürdigkeit. Wir nehmen die fiktive Welt wie der Ich-Erzähler wahr, weil er an vielen Stellen

---

19 W.G. Sebald, *Campo Santo* , 263.

20 Meike Herrmann: *Fiktionalität gegen den Strich lesen. Was kann die Fiktionstheorie zu einer Poetik des Sachbuchs beitragen?* Humboldt-Universität zu Berlin / Universität Hildesheim, Dezember 2005, S.6f. (nach Frank Zipfel: *Fiktion, Fiktivität, Fiktionalität. Analysen zur Fiktion in der Literatur und zum Fiktionsbegriff in der Literaturwissenschaft.* Berlin 2001)

21 Gérard Genette: *Fiktion und Diktion.* S.20.

22 Lars Blunck: *Fotografische Wirklichkeiten.* S.26.

hinter seinen Gegenstand zurücktritt. Insbesondere in *Die Ausgewanderten* und *Austerlitz* tritt sein Antlitz eines menschlichen Mit-Erinnernden zutage. Durch die starke Erzählerfigur wird der Leser in den Text hineingezogen, er wird zum Komplizen des Erzählers und fühlt sich aufgefordert, das Berichtete in seiner, der echten Welt aufzusuchen, für sich selbst zu ergründen und das Andenken an die Schicksale weiterzuführen (oder das Gedenken wenigstens zu verfolgen).

Auf der anderen Seite sind in Sebalds Texten auch Innensichten zu finden, die den Ich-Erzähler zu einem befremdlichen Charakter werden lassen. Solche Muster finden sich vor allem in den Momenten der Erzählung, in denen körperliche Manifestationen der angestrengten geistigen Tätigkeit beschrieben werden.

Erzählstrategien der Einwebung persönlicher Daten des Erzählers führen dazu, dass der Ich-Erzähler der historischen Persönlichkeit Sebalds bis ins autobiografische Detail ähnelt.[23] Die so erreichte Überkreuzung von fiktionaler und fiktiver Ebene der Erzählung bildet das Kernstück der Leserverwirrung bezüglich der Fiktionalität des Erzählten.[24]

Sowohl auf fiktionaler als auch auf fiktiver Ebene arbeitete Sebald einander widersprechende Strategien zur Fiktionalisierung ein, in denen somit Tendenzen zur faktualen Erzählung ebenso wie zur fiktiven Erzählung auszumachen sind. Daher wird die Untersuchung der fiktionalen Äußerungen auf ihre Rolle als Fiktionssignale in dieser Arbeit gemäß der beiden Kategorien aufgeschlüsselt. Als solche werden fiktionsintern der Aspekt der Reise und die Rolle psychischer und physischer Schwäche untersucht. Die Leserverwirrung durch den Erzähler-Autor-Verwechslungsdiskurs und das vermittelte Erzählen werden für Strategien auf der fiktionalen Ebene analysiert.

---

23 Auch und besonders die „Erzählerfotos" suggerieren autobiografische Nähe, siehe 4.5.

24 „Die Ebenen der *histoire*, der erzählten Geschichte, und dem *discours*, der Art und Weise ihrer Vermittlung, erweisen sich als eng miteinander verwoben." Claudia Öhlschläger: *Beschädigtes Leben. Erzählte Risse. W.G. Sebalds poetische Ordnung des Unglücks.* (= Reihe Litterae Band 142). Rombach Freiburg i.Br. / Berlin / Wien 2006. S.10.

3.1 Fiktionale Strategien des Erzählens

3.1.1 Erzähler und Autor: Die Erfindung des *Ich*

„Alles ist autobiographisch, selbst das Erfundene." Claude Simon

In allem, was ein bestimmter Mensch schreibt, ist sein individueller, persönlicher Geist, seine Identität enthalten. Diesem Fakt kann auch Sebald nicht entrinnen. Doch was verändert der Sebaldsche Ich-Erzähler an „seiner Textwelt", dass wir sie als fiktiv wahrnehmen? Oder, anders gefragt, warum werden Sebalds literarische Texte grundsätzlich als fiktiv wahrgenommen, wenn es so vielen Forschern schwer fällt, bei ihm Fakt von Fiktion zu unterscheiden?

Es gibt in Sebalds Büchern etliche Hinweise auf eine mögliche Deckungsgleichheit zwischen seinem Erzähler und seiner Person. Wenn Sebalds Texte sich in ihrer Grundlage auf die Erinnerung eines Erzählers stützen, der aus der Vergangenheit seines eigenen oder eines anderen Lebens erzählt, stellen sie sich in den Kanon derjenigen Textsorten, die die Zeugenschaft bzw. die subjektive Wiedergabe der gelebten Wirklichkeit zur Grundlage haben. Dass wir es mit einem Ich-Erzähler zu tun haben, lässt zunächst an die Autobiografie denken. Hier jedoch muss klar unterschieden werden: Nicht nur, dass jeglicher textexterne Anhaltspunkt fehlt – auch im Text wird nie ein expliziter Hinweis gegeben, ob der Ich-Erzähler W.G. Sebald ist. Zwar erfahren wir beiläufig, dass er im Jahr 1944 auf die Welt gekommen ist[25], doch ist dies dem Leser genauso wenig hilfreich wie die Feststellung, dass er mit dem Autor viele Lebensstationen teilt[26].

Michael Robinson, ein Freund des Autors, bemerkt zu Sebalds Erzähler:

> "He has obvious affinities with Max, but it's playing on our naivety, because the reader is always tempted to identify the narrator with the writer. He's taunting us."[27]

Was fehlt, um in den vorliegenden Texten eine Autobiografie erkennen zu können, ist das Bekenntnis, dass der Mensch W.G. Sebald diese Erlebnisse aus seiner Perspektive berichtet. Er muss sich zu erkennen geben und dafür einstehen, dass sich das, was er schreibt, sich seiner Meinung nach *tatsächlich* so zugetragen hat. Es fehlt der *autobiografische Pakt*[28] mit dem Leser. Auch wenn er über die Biografien anderer schreibt, so speist sich sein Wissen nicht aus echten, selbst zusammengetragenen Dokumenten, sondern wiederum aus Biografien bzw. autobiografischen Texten der Biografierten selbst.

---

25 SG 109.

26 U.a. entschließt sich der Ich-Erzähler „im Herbst 1966 [...], nach England übersiedeln" und fliegt „von Kloten nach Manchester" (DA 219).

27 Maya Jaggi, *Recovered Memories. (The Guardian Profile: W.G. Sebald), The Guardian*, 22.09.2001.

28 Philippe Lejeune: *Le Pacte autobiographique.* Editions du Seuil (collection Poétique), 1975, (dt. Übersetzung bei Suhrkamp Ffm 1991). « C'est l'engagement que prend un auteur de raconter directement sa vie (ou une partie, ou un aspect de sa vie) dans un esprit de vérité. Le pacte autobiographique s'oppose au pacte de fiction. » Quelle: http://www.autopacte.org/pacte_autobiographique.html (Philippe Lejeune selbst unterhält die Internetseite), abgerufen am 12.7.2011.

Weil die Figuren bzw. der Erzähler innerhalb der Texte Sebalds häufig angeeignetes, im Rahmen der Geschichtsschreibung kanonisiertes und lexikalisiertes 'Wirklichkeitswissen' wiedergeben, gehört die Textsorte *Historiografie* ebenfalls zu den Ausgangsformen der Sebaldschen Prosa. Auch hier ist es die Erzählerfigur, die das Faktenwissen nach vorherigem Aneignen aus anderer, oft ungenannter Quelle an den Leser weitergibt. Der Text entfaltet sich nur aus einem Bewusstseinshorizont, in dem all dieses Wissen nebeneinander abrufbar ist, und zwar jenem dieser belesenen Ich-Erzählerfigur.

Sebald nennt sein Werk *Austerlitz* ein „Prosabuch unbestimmter Art“[29], und tatsächlich können wir weder von einer Autobiografie, noch von Reiseliteratur, noch von Biografie oder Geschichtsabhandlung sprechen. Dies ist begründet in der Sebalds Texten inhärenten und impliziten Differenzierung zwischen Autor und Erzähler; sie grenzen sich durch diese grundlegend von den genannten Genres ab. Von dieser Differenzierung geht die Literaturwissenschaft und auch der Leser selbstverständlich aus – die bloße Nichtindikation, das Weglassen der Worte „Autobiografie“ oder „Roman“ auf dem Bucheinband markiert – so zumindest die allgemeine Handhabe – eher die Fiktion. Der Begriff der “fictional autobiography [...]”[30], der Autofiktion[31] greift hier wohl am ehesten.

Es ist eine besondere Authentizität des gelebten Lebens, eine extreme Nähe zwischen dem Autor und seinem Stoff – wenigstens diese, scheint es – wollen die Interviewer Sebalds oft bestätigt wissen:

„SPIEGEL:	Der Ich-Erzähler in Ihrem Buch [...] trägt deutlich Ihre Züge. Stört es Sie, wenn man ihn mit Sebald gleichsetzt?
W.G. Sebald:	Die bürgerliche Person ist etwas anderes als der Schriftsteller. Der Schriftsteller ist etwas anderes als der Erzähler. Und der Erzähler wiederum ist etwas anderes als die Figuren, die er beschreibt.
SPIEGEL:	Aber die Lebensdaten und Details sind die Ihrer Biografie?
W.G. Sebald:	Das stimmt in aller Regel ziemlich genau.“[32]

Während der Mensch W.G. Sebald gleichzeitig Schriftsteller und Privatperson sein kann, scheint er die klare Trennung von Erzähler und Autor in jenen Partien zu potenzieren, wenn nicht gar zu durchbrechen, in denen davon die Rede ist, dass dieser Erzähler selbst Schriftsteller ist. Dass der Autor hier den Erzähler von der Privatperson mit denselben Worten von dem Schriftsteller Sebald abgrenzt, lässt auf eine Nähe zwischen dem Schriftsteller und dem Erzähler schließen, was in den zahlreichen metafiktionalen Passagen über den Schreibakt abzulesen ist. Diese sollen hier etwas genauer untersucht werden, um den Verwechslungsdiskurs Erzähler – Autor bei Sebald als Fiktionalisierungsstrategie kenntlich zu machen.

---

29 Martin Doerry/Volker Hage/W.G. Sebald: *„Ich fürchte das Melodramatische“*, Spiegel-Gespräch, in: DER SPIEGEL 11/2001 (12.3.2001), S.228-234, hier S.230.

30 Ana-Isabel Aliaga-Buchenau: “A Time He Could Not Bear to Say Any More About“. *Presence and Absence of the Narrator in W.G. Sebald's "The Emigrants"*. In: Scott Denham/Mark McCulloh (Hgg.): *W.G. Sebald. History, Memory, Trauma.* (=*Interdisciplinary German Cultural Studies* Volume 1), Walter de Gruyter Berlin/New York 2006, S.141-155, hier S.141.

31 Frank Zipfel umreißt die Geschichte des Begriffs Autofiktion in seinem Aufsatz *Autofiktion. Zwischen den Grenzen von Faktualität, Fiktionalität und Literarität?* In: Simone Winko, Fotis Jannidis, Gerhard Lauer (Hgg.): *Grenzen der Literatur: Zu Begriff und Phänomen des Literarischen.(=ReVisionen 2),* de Gruyter Berlin 2009 S.285-314.

32 Martin Doerry/Volker Hage/W.G. Sebald: *„Ich fürchte das Melodramatische“*, S.233. Sebald schafft es an dieser Stelle, den Mythos um seine Person trotz der eindeutigen Fragen aufrecht zu erhalten und verrät nicht mehr von sich als sein Text.

Metafiktionale Passagen übers Schreiben

Die Niederschrift des Berichts durch den Erzähler findet in wenigen Texten Erwähnung. Die Thematik vom Schreiben selbst zieht sich jedoch wie ein roter Faden durch Sebalds Prosa. Austerlitz spricht vom Schreiben und von einer Schreibkrise, der Ich-Erzähler spricht wiederholt vom Schreiben als Reiseziel[33], Geschriebenes von Bereyter und Adelwarth wird im Buch gar als Faksimile abgedruckt[34].

Der Erzähler ist ein Autor, der verreist, um davon zu erzählen.[35] Die zugrunde liegende Absicht, auf der Reise eine Niederschrift anzufertigen, wird durch den vorliegenden Text gleichsam gespiegelt. Dem Leser als dem letzten Zuhörer gibt er seine persönliche Reiseerfahrung weiter, aus diesem Fakt ergibt sich die eigentliche Motivation für die Niederschrift. Schreiben und Reisen sind zwei Tätigkeiten des Ich-Erzählers, die untrennbar miteinander verbunden sind und einander zu bedingen scheinen.

Die Reise selbst muss, wenn sie Gegenstand des Textes werden soll, außerhalb des geschriebenen Textes stattgefunden haben. Ihre Niederschrift, das schriftliche Festhalten dessen, was dem Schreibenden vom Erlebten noch erinnerlich ist, kann insbesondere beim Reisebericht immer erst auf das Erlebnis folgen. Die Nachzeitigkeit der Schrift gegenüber dem an die textexterne Welt gebundenen Ereignis ist immer gegeben. „[...] [F]ür jeden narrativen Text [ist] ein zeitliches Nacheinander konstitutiv“[36], und auch in sich selbst ist er linear: Er entsteht erst „mit der Zeit“.[37]

In *All'estero*, der zweiten Erzählung in *Schwindel. Gefühle.* ist die Tätigkeit des Schreibens als dem Akt des Festhaltens, einer Vergegenwärtigung des Gewesenen besonders dicht eingestreut. Es finden sich einige Passagen, in denen der Erzähler die genauen Umstände seines Schreibprozesses darstellt. Der Erzähler und der Autor „verschwimmen“ miteinander in diesen Textpassagen. Für die Fiktionalisierungsstrategie in Sebalds Werken sind sie von außergewöhnlichem Interesse.

> „Im Sommer 1987, sieben Jahre nach dieser Flucht aus Verona, habe ich, einem seit langem sich rührenden Bedürfnis endlich nachgebend, die Reise von Wien über Venedig nach Verona noch einmal gemacht, um meine schemenhaften Erinnerungen an die damalige gefahrvolle Zeit genauer überprüfen und vielleicht einiges davon aufschreiben zu können. [...] ich [versank] statt in den Schlaf, in meine Erinnerungen. [...] Geschwinder als ich es je für möglich gehalten hätte, verging mir über meinen Aufzeichnungen die Zeit, und ich kam erst wieder zu Bewußtsein, als der Zug [...] die im Glanz der Nacht liegende Lagune durchquerte.“[38]

---

33 Die Wiederholung der Italienreise des Ich-Erzählers in *All'estero* ist motiviert durch den Wunsch, die Begebenheiten aus dem Jahr 1980 zu verstehen, die den Erzähler in die Flucht getrieben hatten. Er fährt „von Wien über Venedig nach Verona“, um seine „[...] schemenhaften Erinnerungen genauer zu überprüfen und vielleicht einiges davon aufschreiben zu können.“ SG 97.

34 DA 86f., 194f., 200f.

35 Sebald selbst sagt über das Schreiben: „Viele Autoren unterschätzen die Tatsache, dass man sich um sein Material kümmern muss.“ Martin Doerry/Volker Hage/W.G. Sebald: *„Ich fürchte das Melodramatische“*, S.228.

36 Matias Martinez/Michael Scheffel: *Einführung in die Erzähltheorie,* S.32.

37 Besonders die in die Reiseberichte eingestreuten und während der Reise *aufgenommenen* Fotografien bekommen in dieser Hinsicht einen besonderen Stellenwert, denn auch wenn erst *nach* der eigentlichen Reise der Film entwickelt wird und in etwa gleichzeitig der Text entsteht, sind die Bilder doch tatsächlich *schon* da, denn sie entstanden während der Reise selbst und erhalten durch ihre konstitutive zeitliche Nähe zum Ereignis zusätzliche Authentizität. Aufgenommene Eindrücke finden sich im Text in eine schriftliche Form gebracht wieder, während die Fotos das pure Vergangene wiederzugeben scheinen. Zur kritischen Gegenüberstellung der beiden in Sebalds Text zu findenden Medien siehe Kapitel 2.

38 SG 97f.

Schreiben ist also auch eine Zeit der Bewusstlosigkeit in dem Sinne, als der Schreibende über dem Schreiben die Zeit vergessen kann. Nicht nur stellt das Geschriebene selbst also etwas Bleibendes, Zeitloses dar, es verhilft auch im Moment seines Entstehens dem Denkenden, seine Gegenwart mit dem festgehaltenen Erinnerten zur Ewigkeit werden zu lassen; der Schreibende ist somit für einige Minuten herausgehoben aus der Zeit. Die Erinnerungen, die der Erzähler hier aufschreibt, sind nichts anderes als der vorstehende Reisebericht, den wir hier noch einmal von einer anderen Perspektive betrachten, nämlich in seiner Entstehung:

> Ich setzte mich hinab an die Riva und holte wieder mein Schreibzeug, den Bleistift und das schöne linierte Papier heraus. [...] Bis in den halben Vormittag hinein bin ich an meinen Aufzeichnungen beschäftigt an der Fondamenta Santa Lucia gesessen. Der Bleistift lief leicht über das Papier [...][39]

Die so erreichte Verschriftlichung führt zu einer *mise en abyme*[40]:

> „Der 2. August war ein friedlicher Tag. Ich saß an einem Tisch nahe der offenen Terrassentür, hatte meine Papiere und Aufzeichnungen um mich her ausgebreitet und zog Verbindungslinien zwischen weit auseinander liegenden Ereignissen, die mir derselben Ordnung anzugehören schienen. Das Schreiben ging mir mit einer erstaunlichen Leichtigkeit von der Hand. Zeile um Zeile füllte ich die Bogen des linierten Schreibblocks, den ich von zu Hause mitgenommen hatte.[...]
> Einmal fragte sie [Luciana, die Wirtin des Hotels, JK] mich, ob ich ein Journalist sei oder ein Schriftsteller. Als ich ihr sagte, daß weder das eine noch das andere ganz zutreffe, wollte sie wissen, was ich jetzt gerade zu Papier bringe, worauf ich ihr wahrheitsgemäß sagte, daß ich mir darüber selbst nicht recht im Klaren sei, daß ich aber in zunehmendem Maße das Gefühl habe, es handle sich um einen Kriminalroman. [...] Luciana fragte mich, ob Limone auch in der Geschichte vorkomme, und ich sagte, nicht nur Limone käme vor in der Geschichte, sondern auch das Hotel und sogar sie selber.“[41]

Der Erzähler nennt den Ort und das genaue Datum der Niederschrift. Diese Indizien allein geben schon Anlass zu der Vermutung, dass der dem Leser vorliegende Text eine Reinschrift dieser intradiegetischen Aufzeichnungen ist. Durch die Spiegelung des Schreibaktes in der Erzählung spielt der Erzähler mit dem Leser, der sich plötzlich teilzunehmen glaubt an der Herstellung des Textes, den er liest. Der Text aber, den der Erzähler niederschreibt, ist das fiktionale Pendant zum vorläufigen Manuskript des Autors. Und das „schöne linierte Papier“ als greifbare „Unterlage“ des Textes bleibt doch ein Gegenstand der fiktiven Erzählung *All'estero.*[42]

Wenn die fiktive Figur Luciana fragt, was der Ich-Erzähler gerade schreibe, so rücken die Welten des Lesers und des Erzählers mit einem Schlag unendlich nah aneinander. Ihre Frage nach dem Text im Text gibt uns keinerlei Aufschluss über den Text selbst, sondern stellt die Fiktionalität des Ich-Erzählers in Frage, der vor unseren Augen zum Autor zu werden scheint. Limone kommt genau dann in unserer Geschichte vor, wenn der Ich-Erzähler ihr gegenüber behauptet, die Stadt käme in seinem Text vor. Natürlich kann er, rückblickend auf die damalige Situation, vieles über seinen Text behaupten, da der Leser nicht nachprüfen kann, ob es sich um seinen Text handelt. Mit dem Spiegelungseffekt des Textes

39 SG 98f.

40 Eine *mise en abyme* ist ein Bild im Bild oder auch die Beschreibung eines Verschriftlichungsvorgangs innerhalb eines schriftlichen Werkes, wie sie hier vorliegt.

41 SG 112f.

42 In der Spiegelung des nicht in landläufige Genres einzuordnenden Textes nimmt Sebald schon in seinem ersten Prosatext vorweg, was allen Rezensenten seiner Werke schwer fiel.

im Text bewahrheitet der Ich-Erzähler zum Zeitpunkt der Niederschrift seine Behauptung von damals. Eine Aussage über den Inhalt dieser metafiktionalen Passagen kann freilich kaum über das Festhalten eines Schreibaktes hinausgehen, vergleichbar eines Fotos, das der Fotograf von seinem Spiegelbild aufnimmt.

Beschriebene Orte

Wenn aber der Erzähler an Orte kommt, die für ihn bereits mit einem Text belegt sind, stimmt dieses zeitliche Nacheinander von Erleben und Schreiben nicht mehr. Der andere Autor hat diesen Ort bereits vor dem reisenden Ich-Erzähler beschrieben, ihm seine Zeit und seinen besonderen Lebensabschnitt „zugeordnet". Diese Verschiebung der Chronologie und das Überkreuzen von Bekanntem und neu hinzukommenden Erfahrungen konstituiert in Sebalds Reiseliteratur einen Erzählkosmos, in dem angelesene Literaturgeschichte bzw. biografisches Wissen und eigene Erfahrung nicht mehr voneinander zu unterscheiden sind. So überlagern sich Zeiträume, Biografien, Schicksale. Die so in Unordnung gebrachte zeitliche Abfolge von Leben und Schreiben wird von Sebald als Fiktionalisierungstaktik verwendet. Besonders in *All'estero*, der zweiten Erzählung im Band *Schwindel. Gefühle.* lässt sich diese Überlagerung von Chronologien beobachten. Während der Leser die Handlung beispielsweise noch im Jahr 1980 wähnt, in dem der Ich-Erzähler Grillparzers *Tagebuch auf der Reise nach Italien* liest, nacherzählt er einige Passagen im Präsens. Sein Gedankengang schweift von Grillparzers durch die Betrachtung des Dogenpalastes im Jahr 1819 ausgelösten Fieberschauern und Halluzinationen zu den Verfolgten, die der eigentliche Grund für die Zustände des Autors sind und zu denen auch Giacomo Casanova gehörte. Von dessen Aufenthalt und Flucht aus dem Dogenpalast im Jahr 1755 handeln die folgenden sechs Seiten, den Bogen zu seiner Rahmenerzählung schlägt der Erzähler schließlich mit dem Hinweis auf eine Koinzidenz:

> „Mich hat dieser Versuch Casanovas, mit einem anscheinend willkürlichen Wort- und Zahlenspiel veranlaßt, in meinem eigenen Kalender zurückzublättern, wobei ich zu meiner Verwunderung, ja zu meinem Schrecken feststellte, daß der Tag im achtziger Jahr [...] der letzte Tag des Monats Oktober gewesen ist, ein Jahrestag somit jenes Tages [...], an dem [...] Casanova [...] den bleiernen Panzer des Krokodiks durchbrochen hat."[43]

Während er die Episode aus dem Jahr 1755 nacherzählt, liest er selbst Grillparzers Tagebuch von 1819. Am Nachmittag des 31. Oktober 1980 erfolgt die Handlung des Lesens, doch die im Präsens wiedergegebene Erzählung über Casanova ereignet sich für den Leser zur selben Zeit. Die Zeit der Rahmenhandlung wechselt kurz in die Zeit der Niederschrift – der Ich-Erzähler erinnert sich gleichsam an sich selbst. Diese Ebenen der Erinnerung liegen somit in verschiedenen Epochen und Zeiten.

> „Diese Verschachtelung der unterschiedlichen Erzählinstanzen und Zeitebenen steht der Linearität des Textes im Sinne einer chronologisch organisierten Handlung entgegen."[44]

43 SG 71.

44 Antje Tennstedt, *Annäherungen an die Vergangenheit,* S.138.

Auf der Ebene der Fiktivität wird eine Verwirrungstaktik des Erzählers deutlich, die sich parallel zu jener vollzieht, die für die Verwechslung von Autor und Ich-Erzähler auf der fiktionalen Ebene herausgearbeitet wurde.[45]

Verknüpfungen zwischen Autor und Erzähler auf fiktiver Ebene

Der Ich-Erzähler besitzt einen ähnlichen Bildungshintergrund wie der Autor und Literaturwissenschaftler W.G. Sebald, da er belesen ist und sich sehr gut mit den Biografien der Autoren auskennt, die er gelesen hat. Der Leser wiederum, womöglich nicht so sehr literarisch vorgebildet wie der Ich-Erzähler, kann in ihm einen Kenner der Literaturgeschichte ausmachen. Indem er die „Schriftsteller weit auseinander liegender Epochen einander begegnen und miteinander korrespondieren“[46] lässt, stellt er die Subjektivität des Ich-Erzählers in den Vordergrund und unterstreicht, dass seine Weltsicht der Maßstab der Erzählung ist. Allerdings geht von dieser Technik des Verwebens auch der implizite Hinweis auf die anderen Texte aus, das bedeutet: Der Leser von W.G. Sebald liest die Namen der Schriftsteller (und oftmals auch ihrer im Text verarbeiteten Werke) und kann nun selbst nachlesen, was dem Ich-Erzähler schon bekannt ist. Der Erzähler vermittelt dem Leser durch diesen Fingerzeig einerseits seine intellektuelle Überlegenheit, andererseits fordert er ihn somit auch heraus. Für die weitere Lektüre bedeutet dies die Etablierung eines Vertrauensverhältnisses zwischen Leser und Erzähler. Eine gewisse Offenheit gegenüber neuen Informationen und eine Bereitschaft zur Weiterbildung wird von diesem Erzähler nun als selbstverständlich voraus gesetzt.

3.1.2 Biografien weiterschreiben. Das Dokument und das reflexive Hineinversetzen

Sebalds Werke beginnen mit der Erwähnung eines klaren zeitlichen Rahmens – ein typisches Signal für faktuales Schreiben.

> "The factual beginning leads the reader to believe that the narrator is telling "the truth" about his experiences that he is about to share."[47]

In sich sind die Erzählungen in den Bänden *Die Ausgewanderten* und *Schwindel. Gefühle.* sowie in *Austerlitz* diesbezüglich einheitlich und nachvollziehbar gestaltet, denn der Ich-Erzähler gibt uns von Zeit zu Zeit wieder einen Hinweis auf Zeitpunkt und Ort seines Aufenthaltes. Mit diesen Hinweisen erhält der Reisebericht einen tagebuchartigen Charakter und das Erzählte erfährt eine Verwurzelung in der „echten“ Vergangenheit. Ihren Ursprung nimmt diese Hinwendung zur Vergangenheit stets in den Fundstücken aus der Erzählgegenwart. So wird der Ich-Erzähler zur waltenden Instanz:

---

45 Er selbst lädt dazu ein, die fiktive Wirklichkeit in Frage zu stellen, als er die Erzählung *Der Jäger Gracchus* von Franz Kafka in *Dr. K.s Badereise nach Riva* paraphrasiert: „[...] und ist das nicht eine der eigenartigsten Falschmeldungen aller Erzählungen, die erzählt worden sind?“ SG 188.

46 Doren Wohlleben: *Schwindel der Wahrheit. Ethik und Ästhetik der Lüge in Poetik-Vorlesungen und Romanen der Gegenwart (=Reihe Cultura Band 29)*, Rombach, Freiburg 2005, S.299.

47 Ana-Isabel Aliaga-Buchenau: *"A Time He Could Not Bear to Say Any More About"*, S. 142.

„[Dieser] Erzähler ist sich dessen bewusst, daß seine ästhetische, stets fragmentarische Perspektive eine andere als die historische ist, und dies auch sein muß [...] Nicht die faktengetreue Rekonstruktion eines historischen Ereignisses ist also das Anliegen des Erzählers, sondern die fiktionalisierende Restitution einer Erinnerungskultur [...].“[48]

Die Annäherung an den jeweiligen Erzählgegenstand erfolgt in einer Erzählhaltung, die in der Einschränkung des Blicks, in der Subjektivität wurzelt, diesen Blick nie verlässt und nie leugnet.

„Auf den ersten Blick erscheinen die Texte von W.G. Sebald aufgrund der vielen Ortswechsel, Rückblicke, integrierten Fremdtexte und des periskopischen Erzählens undurchsichtig. Bei genauem Lesen wird jedoch immer deutlich, daß die verschiedenen mündlichen und schriftlichen Erzählinstanzen in einem hierarchischen Verhältnis stehen und von einer übergeordneten Erzählerstimme abhängen.“[49]

Im Band *Die Ausgewanderten* und *Austerlitz* verwebt Sebald die einzelnen Geschichten, die sein Ich-Erzähler protokolliert, durch Leitmotive[50] und die Verwendung einander ähnlicher Fotografien. Auch durch dieses Verweben gelangt der zunächst scheinbar biografische Forschungsbericht des Erzählers auf eine neue Ebene der Fiktionalität; aus den einzelnen Lebensgeschichten wird Literatur. Was die vier Erzählungen zuerst verbindet, ist der Erzähler. Seine durch den Zufall bestimmten in einer zeitlichen Abfolge sich reihenden Begegnungen mit den Menschen bilden die Vorlage für Sebalds Erzählungen.[51] Auch seine Lektüre bestimmt, wie oben gezeigt, die Gedankengänge des Erzählers. In *All'estero* streut Sebald nicht nur Zitate von Nabokov, Kafka usw. ein[52], sondern er lässt sie zu seinen Figuren werden, spinnt ihre Biografien weiter und gestaltet auf diese Weise gelebte Zeit aus:

„In Sebalds literarischen Werken nehmen andere Dichter seit je einen besonderen Platz ein – als teils fiktive, teils das Geschehen mit ihrer Biografie und ihrem Werk illuminierende Figuren. Die Durchdringung von Fakt und Fiktion, realer Lebensgeschichte und surrealen Motiven hat der Autor auf die Höhe einer eigenen Gattung gebracht [...]“[53]

Diese biografische Annäherung an die Schriftsteller-Figur ruft den Wissenshorizont um die jeweilige historische Figur auf. Dieser genügt Sebald jedoch nicht: Sein Ich-Erzähler begibt sich auf eine von phantastischen Elementen durchwebte Reise in die Gegenwart seiner schriftstellerischen Vorbilder. Er wandelt mit Kafka am Strand von Riva, begleitet Henri Beyle alias Stendhal beim Versuch, seiner Erinnerung Herr zu werden, plant mit Casanova den Ausbruch aus dem Dogenpalast. Die Feststellung der biografischen Lücken und das reflexive Hineinversetzen gehen bei Sebald nahtlos ineinander über, wie hier am Beispiel des Textes *Dr. K's Badereise nach Riva* zu sehen ist:

„Es spricht jedoch kaum etwas dafür, daß Dr. K. das Hotel an diesem 15. September noch verlassen hat. [...] Dr. K. bleibt also im Hotel.“[54]

48 Doren Wohlleben: *Schwindel der Wahrheit.* S.287f.

49 Antje Tennstedt, *Annäherungen an die Vergangenheit,* S.58.

50 Die „Schriftsteller-Figur“ Vladimir Nabokovs und der Selbstmord sind solche wiederkehrenden Motive, ebenso ist der Holocaust in diesen Biografien des 20. Jahrhunderts latent präsent.

51 Dass solch tief greifende Recherchetätigkeit des Ich-Erzählers Konsequenzen für die Gegenwart hat, wird in der ersten Erzählung des Bands *Die Ausgewanderten* angedeutet. Erst die Offenbarung gegenüber dem Erzähler scheint einen lange aufgeschobenen Bewusstseinsprozess beim Protagonisten Henry Selwyn auszulösen, an dessen Ende der Selbstmord steht.

52 Doren Wohlleben spricht von der „Kopräsenz unterschiedlichster literarischer Texte“ (*Schwindel der Wahrheit*, S.299).

53 Andrea Köhler: *Die Welt im Auge des Kranichs. W.G. Sebalds nachgelassene Prosa und verstreute Essays.* In: NZZ, 07.10.2003 (Beilage Frankfurter Buchmesse), S.62/B2.

54 SG 162.

„Wie Dr. K. die paar Tage in Venedig in Wirklichkeit zugebracht hat, wissen wir nicht. Die düstere Stimmung scheint ihn jedenfalls nicht verlassen zu haben. Ja, sie allein war es, die es ihm, wie er vermutete, möglich gemacht hat, sich überhaupt zu erhalten vor dieser Stadt, diesem Venedig, das ihn [...] auf das tiefste beeindruckt haben muß.“[55]

Der Ich-Erzähler wird durch die Lücken im Lebensbericht zum Weitererzählen gereizt, Fakten und Imagination gehen häufig innerhalb eines Satzes ineinander über. Er scheint sich an seine Stelle versetzen zu wollen, seine Eindrücke nachvollziehen und nachempfinden zu wollen. Der Ich-Erzähler ist im Gegensatz zu seinem Autor nicht gebunden an die Zeit seines Lebens und auch nicht an irgendein Leben, selbst in Kafkas Rolle kann er schlüpfen, da er sich auf der Bewusstseinsebene bewegt. Seine Gegenwart ist die Gegenwart der Porträtierten und des Lesers, er selbst damit unsterblich.

„Eine zeitliche Vorrangigkeit des einen Textes (Prätext) vor dem anderen [kann] nicht mehr aufrechterhalten werden [...], da weder die Vergangenheit vergangen noch die Gegenwart gegenwärtig ist.“[56]

Da im Bewusstsein des Ich-Erzählers alle Informationen nebeneinander existieren, ist er dazu geeignet, selbst eine scheinbar absolute Vergangenheit wie die einer Biografie auszugestalten. Die „Rückversetzung“ in der Zeit ist ein Merkmal der Fiktion; die Biografie eines verehrten Schriftstellers aufzufüllen hingegen reine Imagination, die es von der auf Dokumenten basierenden biografischen Arbeit zu trennen gilt.

Sebald selbst formuliert diese Absicht, durch „Lügengeschichten“ von der Wahrheit zu erzählen, in einem Interview:

“That's the paradox. You have this string of lies, and by this detour you arrive at a form of truth which is more precise, one hopes, than something which is strictly provable.”[57]

Die vom Erzähler vorgenommene Vermischung von Fakt und Fiktion legitimiert sich in den Augen des Autors also aufgrund des höheren Ziels, eine neue Form für eine präzise Wahrheit zu erreichen. Doren Wohlleben formuliert: „[...] [D]ie Dichotomie Wahrheit und Lüge [ist] nicht nur aufgehoben, sondern die unerreichbare Wahrheit [ist] regelrecht auf Erscheinungsformen der Lüge angewiesen [...].“[58] Die Konsequenz dieser Vermischung liegt aufseiten der Rezeption. Der Leser kann „Dokument“ und „Fiktion“ nicht mehr unterscheiden, weil ihm die Markierungen fehlen. Dies gilt sowohl für die eingestreuten literarischen Werke als auch für autobiografische bzw. biografische Daten, und es gilt (im Hinblick auf das zweite Kapitel dieser Studie) insbesondere auch für die eingestreuten Fotografien. Jeder Sebald-Leser erfährt diese fruchtbare Verunsicherung: „By denying the reader the comfort of a separation between fact and fiction, he unsettles the reader, forcing him to personally engage with the

55 SG 163f.

56 Doren Wohlleben: *Schwindel der Wahrheit*, S.299.

57 Joseph Cuomo: *A conversation with W.G. Sebald*, In: Lynne Sharon Schwartz (Hg.): *The emergence of memory. Conversations with W. G. Sebald.* Seven Stories Press, New York/London/Melbourne/Toronto 2007, S.93-118, hier S.108.

58 Doren Wohlleben: *Schwindel der Wahrheit*, S.273.

text."[59] Sebald fordert seinen Leser auf, selbst nachzuforschen, da er in seiner Prosa die Imagination des Ich-Erzählers und sein Faktenwissen bis zur Ununterscheidbarkeit verwebt.

> "*The Emigrants* is indeed fiction, though the degree to which it is fiction is the last thing but immediately clear to its reader. Nothing egregiously fictional is to be found therein, and much that seems simply documentary is included in the telling of the four tales. It is in such details and at such crossroads that the careful reader must look to understand Sebald's conception of fiction and the role fact plays therein."[60]
> "*The Emigrants* reads like fiction—and *is* fiction because of the care and patterning of Sebald's narration, because of its anguished interiority, and because Sebald so mixes established fact with unstable invention that the two categories copulate and produce a kind of truth which lies just beyond verification: that is, fictional truth".[61]

Der Ich-Erzähler verführt den Leser, sein Projekt jenseits der Fiktion des Werks in die Wirklichkeit zu tragen und zu vervollständigen.[62]

Fiktion ist bei Sebald also nicht das Gegenteil von Wirklichkeit, sondern ergänzt sie vielmehr; sie ist das Produkt aus Ich und Welt, die im Kopf verarbeitete Welt, die Projektion der Welt, die Idee. Auf dem Weg zur Wahrheit, im Projekt des schreibenden Ich-Erzählers und des Autors W.G. Sebald ist sie das notwendige, das schöne Vehikel, das den Weg zu den eigentlichen Zusammenhängen der Welt weisen kann. Ohne Fiktion ist die Welt – wie die Fotos ohne Geschichte[63] - eine bruchstückhafte, schwebende Sinnlosigkeit.

In einem reflexiven Hineinversetzen macht Sebald durch seine (gleichsam autobiografische) Lektüre sowohl von biografischen als auch nichtbiografischen Schriften verstorbener und verehrter Schriftstellerkollegen auch den eigenen Bildungshorizont zum Thema. Er vermischt somit verschiedene Kenntnisstände, Epochen und verschleiert die Quellen, so dass die Schriftsteller lebendig werden und ihre Texte neue Sinnzusammenhänge erfahren:

> „[...] [D]iese in Sebalds Fiktion handelnden Schriftstellerfiguren waren auch zuvor schon in gewisser Weise literarische Figuren, weil sie sich selbst durch ihre autobiographischen Schriften von real existierenden Personen in literarische Figuren umgeschrieben haben."[64]

Die Ich-Erzähler-Konstrukte also, die die autobiografischen Texte der anderen entwerfen, werden zu Vorgängern seines Ich-Erzählers. Sebalds Arbeit an den Biografien und den Autobiografien ist ein Fortschreiben, ein Hineindenken und Lückenfüllen. Wo die Figur nicht vollständig in ihren Dokumenten abgebildet ist, wird sie durch Versatzstücke aus ebenso erzählenswerten Lebensläufen vervollständigt, so geschehen in *Austerlitz*:

> **„SPIEGEL:** Hat Jacques Austerlitz ein reales Vorbild?
> **W.G. Sebald:** Es stecken zweieinhalb Lebensgeschichten in ihm, Biografien, denen ich nachgegangen bin."[65]

---

59 Susanna Lenné Jones: *What's in a Frame? Photography, Memory, and History in Contemporary German Literature.* Dissertation an der University of Cincinnati 2006, S.103.

60 Leland de la Durantaye: *The facts of fiction, or the figure of Vladimir Nabokov in W. G. Sebald,* S.433.

61 James Wood: *The Broken Estate. Essays on Literature and Belief.* Modern Library, New York 2000, S. 249.

62 Aus dieser Motivation entstand die Internetseite www.wgsebald.de, auf der der Betreiber alle bei Sebald genannten Persönlichkeiten, Orte, Gebäude, Landschaften aufs Genauste verzeichnet, Landkarten zu den Reisewegen des Erzählers einfügt, geschichtliche Daten und literarische Zitate nachweist und erläutert.

63 Vgl. Susan Sontag, *Über Fotografie,* S.28. In Kapitel 2 wird der Vergangenheitscharakter der Fotografie näher erläutert.

64 Susanne Schedel: *Wer weiß, wie es vor Zeiten wirklich gewesen ist?*, S.62.

65 Martin Doerry/Volker Hage/W.G. Sebald: *„Ich fürchte das Melodramatische"*, S.228.

Der fiktionale Text beruht auf der Fruchtbarkeit dieser Lebensgeschichten, die Verbindung von Erfundenem und Authentischem ist konstituierend für sein Werk:

> „Sebalds narratives Markenzeichen ist […] die erzählerische Kombination: der fließende Übergang von der Realität des Geschauten in die Fiktionalität seiner Darstellung; und die Verbindung von Eklektizismus und Intuition: die Auswahl der vermittelten Gegenstände, Inhalte, Themen und das reflexive Hineinversenken in ihre mögliche, denkbare Geschichte.“[66]

In einem Gespräch mit dem Wissenschaftler Volker Hage antwortete W.G. Sebald auf einen Einwand zur Gratwanderung des Lesers bezüglich Fiktion (Erfundenem) und Zitat (Dokument), er halte gerade diesen Schwebezustand „für sehr produktiv“.[67] Sebald fordert seinen Leser heraus, denn er ist im Text als Mensch mit Geschichte, als Persönlichkeit mit Bildungshintergrund angesprochen und wird so zum Komplizen des Erzählers, der ihn mit seinem Wissen versorgt, ihn aber gleichzeitig auf die zahlreichen Lücken hinweist, die sein Bericht hinterlässt. Der erzählerische Auftrag wird so mittelbar an den Leser weitergegeben. Die Fiktionalität spielt hierbei die Rolle der „unsicheren Konstanten“: „Das ist ja gerade das Geheimnis der Fiktion, daß man nie genau weiß, wo die Trennungslinie verläuft.“[68]

In den einzelnen Werken sind die Anteile der beiden Pole an der Erzählung unterschiedlich gewichtet. Der Erzähler selbst ist derjenige, der als fiktionale Schlüsselfigur verwebt, was teilweise nachzuweisen oder schlicht erfunden ist oder auf eine falsche Spur führt. Doch auch wenn das Erfundene die Fiktion charakterisiert, ist es eben nicht das Gegenteil der Wirklichkeit, sondern ergänzt vielmehr das Konglomerat aus wirklichkeitsschreibenden Genres: Um der Geschichte die nötige Glaubwürdigkeit und damit den Charakter des Wahren zu geben, muss der Autor die gesehene Wirklichkeit oft sowohl beschneiden als auch ergänzen.[69] All jene Möglichkeiten, Einfluss zu nehmen auf das Dokumentierte finden bei einem literaturschaffenden Prozess statt, wie ihn Sebald beschreibt: „Das Fiktive ist der Schnitt des Kleides, aber der gute Schnitt nützt nichts, wenn das Material schäbig ist.“[70]

Die Verarbeitung durch den Erzähler, der dem Leser die Bearbeitung abnimmt, ihm das Erzählte wie in einem Augenzeugenbericht vermittelt aber gleichzeitig das Übertragen auf den Horizont des Nachgeborenen, Unwissenden nicht erspart, macht Sebalds Bücher zu Gedächtnistexten, die in einem universellen Medium das Erinnern gleichzeitig thematisieren und den geschichtlichen Abgrund vor uns

---

66 Heinz Ludwig Arnold: *W.G. Sebald: 1944 – 2001.* In: Ders. (Hg.): *W.G. Sebald.* Text+Kritik 158 (2003), S.3-5, hier S.3f. Das von Arnold angesprochene reflexive Hineinversenken bildet die Nahtstelle zwischen Fiktionalität und Fotografie. Das Foto scheint bei Sebald mehr noch als andere Medien der Dokumentation dieses Erzählen herauszufordern; zum Zusammenhang siehe Kapitel 2.

67 Volker Hage: *Hitlers pyromanische Fantasien: W.G. Sebald.* In: Ders.: *Zeugen der Zerstörung. Die Literaten und der Luftkrieg.* Essays und Gespräche. S. Fischer, Frankfurt am Main 2003, S.259-279, hier S.265.

68 Ebd.

69 In *Logis in einem Landhaus* spricht Sebald über die Arbeitsweise des Malers Jan Peter Tripp, der Fotografien als Vorlagen für seine Gemälde nimmt. Diese Technik entspricht – übertragen auf die seinen Werken zugrunde liegenden Biografien – auch der Arbeitsweise Sebalds: „Die mechanische Schärfe/Unschärferelation wird aufgehoben, Hinzufügungen werden gemacht und Abstriche. Etwas wird an eine andere Stelle gerückt, hervorgehoben, verkürzt oder um eine Geringfügigkeit verdreht.“ W.G. Sebald: *Logis in einem Landhaus. Über Gottfried Keller, Johann Peter Hebel, Robert Walser und andere.* Carl Hanser, München 1998. S.179.

70 Sigrid Löffler: *Wildes Denken. Gespräch mit W.G. Sebald.* In: Franz Loquai (Hg.): *W.G. Sebald.* Eggingen 1997, S.135-144, hier S.137.

öffnen können. Das Erfundene ist zugleich das Quäntchen Wahrheit, weil es Gedankenprozesse darstellt, die real existieren, die die mögliche Welt abbilden. Denn die „Wahrheit des Textes ist nicht ein Verhältnis zwischen Wort und Ding, sondern zwischen Aussage und Aussage; [...] Nur bei nicht-fiktionalen Texten fordern wir die Übereinstimmung von Fakten und Aussage."[71]

Daher ist die Unterscheidung in Erfundenes und Authentisches bei Sebalds Werken nicht nur unmöglich geworden, der Wille sie zu verfolgen verstellt auch den Blick auf das Wesentliche, den Wahrheitsgehalt der Prosa.

3.1.3 Der zweite Erzähler: Zeugenschaft als erzählerisches Mittel in *Die Ausgewanderten*

In einer großen Zahl der Sebaldschen Texte (insbesondere *Austerlitz*[72]) stellt der Autor den Bericht einer wiederum erzählenden Figur ins Zentrum, die dem Ich-Erzähler als Zeuge dient und, wenn sie von sich selbst spricht, als Protagonist jener zweiten Erzählebene fungiert. Sebalds Erzählerfigur tritt in den beiden Werken *Austerlitz* und *Die Ausgewanderten* über weite Strecken stark in den Hintergrund, sie scheint gar hinter den zweiten und dritten Erzählern zu verschwinden. In jenen Fällen, in denen der im Zentrum stehende Mensch sein Schicksal nicht mehr selbst wiedergeben kann, übergibt der Erzähler das Wort an eine vertraute Person. Um dem Leser diesen Bericht vermitteln zu können, nennt er sowohl die Umstände seiner Begegnung als auch jene der Erzählsituation en detail.[73] Das Sprechenlassen des Anderen wird zum Mittel der Authentifizierung der Rede, denn indem die Distanz zum zweiten Erzähler weggenommen wird, erscheint das Gesagte glaubwürdiger. Gleichzeitig macht dieser Kniff die Erzählerfigur menschlicher, denn auch sie kann sich dem Einzelschicksal erst dann wirklich annähern, wenn sie schweigt und die anderen sprechen lässt.[74]

Die persönliche Wahrnehmung des neu Gesehenen steht in *Schwindel. Gefühle.* und *Die Ringe des Saturn* noch stark im Vordergrund.[75] So der Erzähler jedoch nicht von sich selbst erzählt, sondern wiedergibt, was andere erzählen, führt er dem Leser die Vermitteltheit des Berichteten stets durch das Wiederholen der *inquit*-Formel (sagte ...) vor Augen.[76]

---

71 Iris Denneler: *Von Namen und Dingen,* S.145f.

72 Die Vermitteltheit im Ikonotext *Austerlitz* soll insbesondere bei der Betrachtung der Fotografien im dritten Teil zur Sprache kommen.

73 Auch diese Informationen sind wieder als fiktionale Kennzeichen für die Faktizität des Berichts zu werten.

74 „Als Erzähler machte Sebald sich zum fiktiven Medium der Überlieferung; indem er von fremden Schicksalen schrieb, erzählte er von den eigenen Schatten." Andrea Köhler: *Verabredungen in der Vergangenheit. Zum Tod des Schriftstellers W.G. Sebald.* In: NZZ, 17.12.2001, S.23.

75 In *Austerlitz* und *Die Ausgewanderten* sind es die Wahrnehmungen der Zeugen, die der Erzähler ebenfalls sehr eindringlich vermittelt. Durch die Vermitteltheit besitzen sie zwar einen anderen Stellenwert, häufig aber enthalten sie wie die ersten beiden Prosabände ebenfalls Reiseberichte. Der Erzähler bleibt aber auch in diesen beiden Werken der ein- und ausführende eigentliche Protagonist, der den Leser an der Hand nimt und ihm auch hier aus seinem Leben berichtet.

76 Alex Seiler: *„Als hätten die Bilder selbst ein Gedächtnis"*, S.19ff., bes. S.22.

„Bei genauem Lesen wird jedoch immer deutlich, daß die verschiedenen mündlichen und schriftlichen Erzählinstanzen in einem hierarchischen Verhältnis stehen und von einer übergeordneten Erzählerstimme abhängen.“ [77]

Durch diese immer wiederholten Signale der Distanziertheit scheint der Ich-Erzähler seinen Text als authentisch markieren zu wollen. Allerdings ist auch diese Vermitteltheit in den Dienst der Erzählinstanz gestellt, wie Markus Weber herausstellt:

„Der Erzähler [ist] willkürlicher Arrangeur, Interpret seines Materials, auch als Übermittler von [...] Lebensberichten. Das ist bei der weiteren Lektüre mitzubedenken.“[78]

Paul Bereyter: Das erinnerte Leben als Projektionsfläche

Die persönliche Auseinandersetzung des Ich-Erzählers mit dem Schicksal des Anderen wird in Sebalds Werk immer wieder aufs Neue nachgezeichnet. Eine besonders anschauliche Darstellung der Motivation für seine „Schicksalsforschung“ findet sich in der zweiten Erzählung des Bandes *Die Ausgewanderten*. Er sieht sich zunächst konfrontiert mit der Nachricht vom Tod seines Volksschullehrers Paul Bereyter und einem kurzen Hinweis, „[...] das Dritte Reich habe ihn an der Ausübung seines Lehrerberufs gehindert.“[79] Auf sich allein gestellt reflektiert er, was ihm aus der Schulzeit von dem fremd gewordenen Leben erinnerlich ist. Bevor er tiefergehende Recherchen aufnimmt, versucht er zunächst, sich vorzustellen, wie dieser die Minuten vor seinem Tod verbracht haben mag und versetzt sich buchstäblich in die Lage des Lehrers:

„Darum habe ich [...] versucht, mich ihm anzunähern [...] Ich sah ihn [...] hingestreckt auf dem Geleis. Er hatte, in meiner Vorstellung, die Brille abgenommen und zur Seite in den Schotter gelegt. [...] Zuletzt, als das schlagende Geräusch sich näherte, sah er nurmehr ein dunkel Grau, mitten darin aber, gestochen scharf, das schneeweiße Nachbild des Kratzers, der Trettach und des Himmelsschrofens.“[80]

Die intime Begegnung findet in der Vorstellung des Ich-Erzählers statt – sie ist also nur ein Vermischen von Faktenwissen (er trägt eine Brille) und Mutmaßungen (er legte sie zur Seite). Dies geht so weit, dass er sich in den anderen einzufühlen, seine Sinneswahrnehmungen und damit verbundene Empfindungen noch einmal zu erleben versucht:

„Solche Versuche der Vergegenwärtigung brachten mich jedoch [...] dem Paul nicht näher, höchstens augenblicksweise, in gewissen Ausuferungen des Gefühls, wie sie mir unzulässig erschienen und zu deren Vermeidung ich jetzt aufgeschrieben habe, was ich von Paul Bereyter weiß [...]“[81]

Nicht die Vergegenwärtigung selbst ist das Unzulässige in seinen Augen, sondern die Ausuferungen des Gefühls.[82] Die Auseinandersetzung mit dem Anderen muss sich an den Fakten orientieren, die von ihm

---

77 Antje Tennstedt: *Annäherungen an die Vergangenheit*, S.58.

78 Markus R. Weber: *Die fantastische befragt die pedantische Genauigkeit.* S.65.

79 DA 42.

80 DA 44.

81 DA 44f.

82 Ebensolche „Ausuferungen des Gefühls“ verdichten sich in *Schwindel. Gefühle.* in der Beschreibung einer surrealistischen Überwirklichkeit. Die Darstellung von (vergangenen) Gefühlen und den das Ich umgebenden Orten und Personen geht hier immer nahtlos und scheinbar unbemerkt ineinander über. Obwohl sich der Ich-Erzähler auch hier in sein früheres Ich „einfühlt“, ist für ihn solche rückblickende Verschriftlichung hingegen legitim – zumindest bleibt sie unkommentiert.

gesammelt und dem Leser übermittelt werden. Das eigene Einfühlen schriftlich festzuhalten erscheint dem Ich-Erzähler unzulässig, er will es dem Leser selbst überlassen, sich in den Lehrer einzufühlen.

Der Erzähler selbst unterscheidet also selbst zwischen Fakten und Imagination, wobei auf der fiktionalen Seite zwei Schritte unterschieden werden: die reine Vergegenwärtigung des Erinnerns und die auf dieser aufbauenden Einfühlung. Die Erinnerungsarbeit und ihre Verschriftlichung soll an den Platz des vagen Gefühls treten, das ihn unbefriedigt lässt und ihm nur etwas über ihn selbst und nicht über den Lehrer sagen kann.

Sebald setzt durch diese Einfühlungsepisode am Anfang ein Zeichen für seine eigene Arbeitsweise. Einerseits betont er durch den Ich-Erzähler, diese „exemplary fictional construction“[83] eine subjektive Herangehensweise, die eine bewusst in Kauf genommene Einseitigkeit der Wahrnehmung zur Folge hat. Andererseits weist er auf die Gefahren dieser Perspektive hin, denn sein Ziel ist die persönliche Annäherung an das Einzelschicksal in ihrer unmittelbarsten Form. Seine Selbstbeschränkung zielt auf eine Authentifizierung des Geschriebenen, denn wenn die Einfühlung auch Imagination ist, entwickelt er sie vor seinem persönlichen Bewusstseinshorizont, und alle Unterscheidung zwischen Imagination und Faktenwissen liegt bei ihm.

Das nachträgliche Niederschreiben aus dem Gedächtnis muss der Leser dem Erzähler abnehmen, ob er etwas hinzu gedichtet, weggelassen oder beschönigt hat, ist nicht mehr nachvollziehbar. In jedem von Sebalds Sätzen begegnen wir dem ewigen, gegen die Literatur vorgebrachten Argument der Lügenschreibung[84]:

> "Sebald has his own scruples about the morally questionable process of falsification. We're brought up to tell the truth, but as a writer you're an accomplished liar. You persuade yourself it's to achieve a certain end. But there's a problem in departing from the literal truth to achieve an effect – in the worst case, melodrama, where you make someone cry. It's a vice.'"[85]

Sebalds Erzähler verweist implizit immer wieder darauf, dass die Dichotomie Lüge/Wahrheit in seinem Erzählkosmos nicht greift. Die Begegnung mit der Fremde ist dabei der Nährboden für die von ihm angeführten Koinzidenzen und Analogien. Die Fiktionalität der Erzählung, sei es die eines anderen, sei es seine eigene, speist sich aus der Distanzlosigkeit, der unheimlichen Nähe zu ihrem Gegenstand. Der unvollkommene Ich-Erzähler ist des Lesers einziger Zugang.

Wiedergabe von autobiografischen Texten: Das Tagebuch der Luisa Lanzberg

83 Susan Sontag: *A Mind in Mourning. W.G. Sebald's travels in search of some remnant of the past.* In: Times Literary Supplement, 25.2.2000, S.3.

84 „Der alte Vorwurf, dass Dichter lügen, rührt möglicherweise daher, dass fiktionales Erzählen sich offensichtlich nicht an die Regeln des referentiellen Gebrauchs der Sprache hält.“ Frank Zipfel, *Autofiktion. Zwischen den Grenzen von Faktualität, Fiktionalität und Literarität?* In: Simone Winko, Fotis Jannidis, Gerhard Lauer (Hgg.): *Grenzen der Literatur: Zu Begriff und Phänomen des Literarischen.(=ReVisionen 2),* de Gruyter Berlin 2009, S. 285-314, hier S.289.

85 Maya Jaggi, *Recovered Memories.*

Max Aurach überreicht dem Erzähler in der vierten Erzählung des Bandes *Die Ausgewanderten* „an die hundert handschriftliche Seiten Aufzeichnungen"[86] seiner Mutter Luisa Lanzberg. Er begründet die Überantwortung des für ihn sehr kostbaren Tagebuchs folgendermaßen:

> „Bei dieser zweiten Lektüre seien die stellenweise wirklich *wunderbaren* Aufzeichnungen ihm vorgekommen wie eines jener *bösen deutschen Märchen*, in denen man, einmal in den Bann geschlagen, mit einer angefangenen Arbeit, in diesem Fall also mit dem Erinnern, dem Schreiben und dem Lesen, fortfahren muß, bis einem das Herz bricht. Deswegen gebe ich das Kuvert jetzt lieber aus der Hand, sagte Aurach [...] "[87]

Max Aurach hat den Mord an seinen Eltern offensichtlich nie verarbeitet.[88] Die Übergabe der Blätter an den Erzähler ist also in einem Unvermögen des rechtmäßigen Besitzers begründet, den Texten in einer bestimmten Weise *gerecht zu werden*, wie sowohl der Erzähler (stillschweigend) und der Protagonist Aurach sie verstehen. Die Verschriftlichung hat seine Mutter schon übernommen, damit sind die Ereignisse der zerstörerischen Zeitläufte bereits scheinbar entrissen. Das „Erinnern, Schreiben und Lesen" ist das Wachhalten dieses Schicksals, das für Max Aurach durch seine persönliche Nähe zur Protagonistin zu einer zerstörerischen Bürde werden würde. Er kann die Pflicht nicht erfüllen, dieses Dokument für die Zukunft zu erhalten und führt diese Unfähigkeit auf das Fehlen von Objektivität und Distanziertheit zurück.

Indem er dem Sebaldschen Erzähler den erzählerischen Auftrag erteilt, also jemandem, der sich das Erzählen in Form des Schreibens zur Aufgabe gemacht hat, wird der Bericht seiner Mutter, wird das Weitererzählen in eine fiktionalen Form gebracht. In ihm sieht er den, der die Zeit, die Kraft und die Sensibilität hat, das Andenken seiner Mutter zu bewahren, den Geheimnissen des Tagebuchs auf den Grund zu gehen und ihnen einen Platz in der Erinnerungskultur zu geben. Nun muss der Ich-Erzähler (und mit ihm der Leser) rezipieren, darüber schreiben, muss an das vom Holocaust[89] ausgelöschte Leben erinnern.

> "I try to let people talk for themselves, so the narrator is only the one who brings the tale but doesn't install himself in it. There's still fiction with an anonymous narrator who knows everything, which seems to me preposterous. I content myself with the role of the messenger."[90]

Es handelt sich um eine für die Frage nach Fakt und Fiktion in Sebalds Text äußerst spannende Konstellation: Der Protagonist Aurach, den der Erzähler bis dahin eingehend studiert, porträtiert und zitiert hat, überreicht diesem letzteren ein der eigenen Lebensgeschichte zugrunde liegendes schriftliches Dokument aus den Jahren 1939 bis 1941, in dem seine Mutter die eigene Kindheit und Jugend beschreibt. Die detailliert dargestellte Übergabesituation scheint zu belegen, dass es sich um ein

---

86 DA 288.

87 DA 289.

88 Die Verdrängung des Todes der Eltern rührt Aurach zufolge auch „von der Verspätung und Verzögerung, mit der die zunächst unglaubhafte Todesnachricht bei mir eintraf" (DA285). Aurach spricht freudianisch explizit von seinen „Vorkehrungen [...], um mich zu immunisieren gegen das von den Eltern erlittene Leid und gegen mein eigenes" (DA285).

89 Die Worte Holocaust, Shoa und die Namen der Konzentrationslager werden (bis auf Theresienstadt in Austerlitz) in allen literarischen Texten Sebalds konsequent ausgespart.

90 Maya Jaggi: *Recovered Memories.*

authentisches Dokument handelt. Weder bekommt es der Leser „zu sehen" (in einer typografischen Reproduktion), noch ist ihm der Zugang zum exakten Wortlaut der Aufzeichnungen vergönnt:

> „Ich will versuchen, auszugsweise wiederzugeben, was die Schreiberin, die mit ihrem Mädchennamen Luisa Lanzberg geheißen hat, in ihnen [den nachgelassenen Blättern, JK] von ihrem früheren Leben erzählt."[91]

Der Erzähler verzichtet auf Vollständigkeit. Er zitiert nicht aus dem Tagebuch, sondern leiht der Autorin seine Erzählstimme; auf diese Weise eignet er sich (und seiner Erzählung *Max Aurach*) das Dokument an. Trotz der Markierung als Binnenerzählung entsteht vor den Augen des Lesers ein heterogener Text, den Fakten gemäß nacherzählt und daher imprägniert durch den Ich-Erzähler[92].

Das Eingeständnis, Luisas Zeugenbericht absichtlich nicht so wiedergeben zu wollen, wie er ihm vorliegt, wirft die Frage nach dem Umgang dieses Erzählers mit Dokumenten auf. Den erzählerischen Bruch, den die authentische Wiedergabe bedeutet hätte, vermeidet er aufgrund eines übergeordneten Plans: Er hegt den Wunsch nach einem persönlichen Zugang, um über das einzelne Schicksal hinaus einen Einblick in die vergangene Wirklichkeit zu erlangen. Er stellt sich als fühlender Leser zur Verfügung und nimmt die Rezeption des Tagebuchs vorweg. Mit dieser Fiktionalisierungsstrategie geht der Charakter des Unikats verloren. Durch die Einsetzung seiner, der dem Leser vertrauten, aber der falschen Erzählstimme bricht er mit der Authentizität des Textes. Die „bearbeitete Fassung [lässt] in der Verschiebung und Verdichtung wieder die Erinnerungsarbeit des Ich-Erzählers erkennen [...]. Die charakteristische Tonlage von Luisas Erzählung entsteht damit aus dem Zusammenspiel des auf der Fiktionsebene vorausgesetzten Originals und einer Reihe von erzählerischen Interventionen [...]"[93]

Der Erzähler macht das autobiografische Lebenszeugnis der Mutter Aurachs (durch die Einbindung in seine Erzählung über den Sohn) zum Beweisstück, dass die in Deutschland beheimateten Juden vor der Zeit des Nationalsozialismus ein Leben unter Freunden geführt haben und mit ihrer Heimat ebenso stark verbunden waren wie die Deutschen. Luisa Lanzbergs Schicksal einer in Deutschland aufgewachsenen Frau, die im kleinbürgerlichen Milieu das moderne Judentum gelebt hatte, die zu Beginn der Nürnberger Gesetze noch nicht ausreisen wollte, während der Zeit der zunehmenden Judenverfolgung aber nicht mehr gehen konnte und so dem nationalsozialistischen Massenvernichtungsapparat zum Opfer fiel, ist tatsächlich ein Beispiel für viele, die namenlos geblieben sind sowohl für die Literatur als auch für die Geschichtsbücher. Doch er wählt nicht die schlimme Zeit, er gibt nur wieder, was bis zum Winter des Jahres 1921 geschehen ist und spart damit das Leben Aurachs aus, das um diese Zeit herum seinen Anfang genommen haben muss und über das der Leser schon Bescheid weiß.

---

91 DA 289.

92 Vgl. Sigrid Löffler, *Melancholie ist eine Form des Widerstands*, S.107.

93 Anne Fuchs: *Die Schmerzensspuren der Geschichte. Zur Poetik der Erinnerung in W.G. Sebalds Prosa. Böhlau, Köln 2004,* S.130.

„Die von mir im Vorstehenden teilweise wiedergegebenen Aufzeichnungen haben mich, seit sie zu Beginn dieses Jahres von Aurach mir überantwortet worden waren, auf das nachhaltigste beschäftigt und sind zuletzt der Anlass gewesen, daß ich, Ende Juni 1991, nach Kissingen und Steinach gefahren bin."[94]

Die Reise ist motiviert durch die Lektüre des Dokuments, das dem Ich-Erzähler bezüglich seines Projektes (der Erzählung vom Schicksal Maxens und Luisas) nicht auszureichen scheint. Selbst zum Leser geworden, möchte er nun auch das Nichterinnerte und das Verdrängte des Lebens der Luisa Lanzberg hervorholen und die Lebensgeschichte in seiner, in der heutigen Welt verorten, um sich ihr so weit wie möglich anzunähern. Dieses neue Geschichtsbewusstsein bringt die Notwendigkeit zum Ausdruck, einen anderen Weg für die Annäherung an die Vergangenheit zu finden. Diese Spurensuche aber, die den Ich-Erzähler an reale Orte führt, findet in einem fiktiven Text statt. Sebald kommt es auf dieses Vertrauen des Lesers an, das er es selbst bei seiner Lektüre des Nachkriegsautors Peter Weiss empfunden hat:

„Ich weiß noch, wie mich das Autobiographische, das quasi Archäologische daran sehr fasziniert hat. Ich hatte von Anfang an das Gefühl: Hier ist vielleicht nicht die ganze Wahrheit enthalten, aber eine authentischere Stimme, der man viel mehr vertrauen kann."[95]

Damit der Leser überhaupt Zugang finden kann, muss sich der Ich-Erzähler zwischen ihn und den Bericht stellen, muss mit ihm im Kissingen des Jahres 1991 nachspüren, wo und wie jüdisches Leben in Deutschland ausgelöscht wurde. Der autobiografische Text wird durch die Reise des Ich-Erzählers einerseits verortet in der „wirklichen" Welt, er wird aber auch Teil eines Holocaust-Erinnerungstextes, einer literarischen Gedenkstätte, an die zurückkehren kann, wer Sebalds Text liest. Sebalds Leser werden aufgefordert, sich die hinter dem Text liegende ganze Wahrheit zu erschließen. Durch diese Distanznahme erst kann Erkenntnis so eindringlich und auch erträglich vermittelt werden, wie es Sebald in seinem Prosabuch gelingt.

3.1.4 Fotografisches Erzählen

Sebalds Erzählungen prägen jene Passagen, die von einer extremen Detailverliebtheit sind. Die Erzählerfigur kommt an, verharrt und beschreibt sprachlich fokussierend, was ihn umgibt, in einem quasi-fotografischen Erzählstil, den Claudia Öhlschläger nachzeichnet:

„[...] das Detail [verleiht] der Beschreibung eine Art Widerständigkeit. [...] Details führen zur Entschleunigung, zur Verlangsamung des Geschehens, zur Stillstellung der Zeit. Sebalds Texte arbeiten mit solchen Effekten. Das Detail stellt sich nicht nur der viel beschriebenen Verflüchtigung der Moderne, sondern auch der Verflüchtigung des Erzählablaufs entgegen."[96]

Ein Beispiel für dieses Erzählen ist die Wiedergabe einer Erinnerung des Onkels Kasimir, der von seiner Ausreise nach Amerika berichtet.

94 DA 327.

95 Volker Hage: *Hitlers pyromanische Fantasien: W.G. Sebald.* In: Ders.: *Zeugen der Zerstörung. Die Literaten und der Luftkrieg.* Essays und Gespräche. S. Fischer, Frankfurt am Main 2003, S.259-279, hier S.266f.

96 Claudia Öhlschläger: *Beschädigtes Leben. Erzählte Risse. W.G. Sebalds poetische Ordnung des Unglücks.* (=Reihe Litterae Band 142) Rombach Wissenschaften, Freiburg / Berlin / Wien 2006, S.13.

„Mit ziemlicher Genauigkeit sehe ich allerdings den Saal im Norddeutschen Lloyd in Bremerhaven vor mir, [...] besonders gut erinnere ich mich an die vielen Kopfbedeckungen der Auswanderer, Kapuzen und Kappen, Winter- und Sommerhüte, Schals und Tücher und dazwischen die Uniformmützen des Personals der Reederei und der Zollbeamten und die abgewetzten Melonen der Mittelsmänner und Agenten. An den Wänden hingen große Ölbilder der zur Flotte des Lloyd gehörenden Ozeandampfer. Ein jeder dieser Dampfer befand sich in voller Fahrt von links hinten nach rechts vorn, ragte ungeheuer weit mit dem Bug aus dem wogenden Meer hervor und vermittelte so den Eindruck einer unaufhaltsam alles vorantreibenden Kraft. Über der Tür, durch die wir zuletzt hinaus mußten, war eine runde Uhr angebracht mit römischen Ziffern, und über der Uhr stand mit verzierten Buchstaben geschrieben der Spruch *Mein Feld ist die Welt.*“[97]

Obwohl ein Einzelschicksal in dieser extrem präzisen Beschreibung wiedergegeben wird, ist doch im Text kein Anhaltspunkt für eine persönliche Ausreisegeschichte zu finden. Nicht den bangen, hoffnungsvollen und ängstlichen Ausdruck in den Gesichtern der Mitreisenden erinnert Kasimir, sondern ihre Kopfbedeckungen, und nicht das spezifische Schiff seiner Überfahrt kommt ihm in den Sinn, sondern die gemalten Ozeandampfer. Sie symbolisieren in ihrer Darstellung eindeutig den stetigen Fortschritt der Technik und Wissenschaft, der sowohl (konkret) in der beeindruckenden Konstruktion als auch in der (sinnbildlichen) Errichtung der „Neuen Welt“ ihren Ausdruck findet, an der die Schiffe als Transportmittel etlicher Einwanderer einen enormen Anteil besitzen. Bildlich ablesbar ist dies auch in der Fahrtrichtung (von links nach rechts: „nach vorn“) und der Überdimensionalität des Motivs. Die Maschine, nicht der Mensch steht im Zentrum der neuen Zeit, ist Symbol für den Fortschritt und damit den Sieg der Rationalität und der Vernunft über das emotionale Verhaftetsein des Menschen in der Heimat. Auch bei Kasimir siegt die Vernunft: Seine anfängliche Scheu vor der Fremde überwindet er schließlich durch den starken Wunsch nach einem besserem Auskommen. Im Kontext seiner endgültigen Abreise gilt sie zudem als das Symbol des Exils. Die Dampfer werden zum unheilvollen Vorboten der Reise, in der Kondensation der Erinnerung stehen sie für den irreversiblen Bruch mit der Vergangenheit. Nicht nur die Inhaltsebene prägt eine Bildbeschreibung, sondern auch in der Form trägt der von der Erinnerung gelenkte Bericht bildhafte Züge. Die Passage ist von einem Erzählen geprägt, das die Perspektive mehr und mehr verengt. Von den durch unvorstellbare Größenverhältnisse markierten Landschaften, die er zuvor durchfährt über den schon klaustrophobisch aufgeladenen Wartesaal fokussiert der Blick schließlich die Uhr als Symbol für die Zeit, die den Wartenden von seiner Ausreise trennt.

Das Motiv des Aufenthalts im Wartesaal findet bei Sebald in vielen Erzählungen eine Entsprechung.[98] Immer sind diese Passagen geprägt von einer Verlangsamung und Verdichtung des Erzählens, seine Tendenz zum fotografischen Erzählen ist an ihnen gut ablesbar.[99] Nachdem sich der Blick innerhalb des

---

97 DA 119. Hervorhebung im Text.

98 Der Wartesaal in der Liverpool Street Station (A), der Wartesaal im Antwerpener Bahnhof (A), der Saal im Mailänder Bahnhof (SG) sowie der „Übergangsraum“ Treppenhaus (A) stellen Nicht-Orte dar im Sinne der Unterscheidung Augés, der jene dem anthroposophischen Ort gegenüber stellt (Marc Augé: *Orte und Nicht-Orte. Vorüberlegungen zu einer Ethnologie der Einsamkeit.* Frankfurt am Main 1994, S.63.). Sebalds Neigung, seinen Ich-Erzähler solche Nicht-Orte aufsuchen zu lassen, hat sich Claudia Öhlschläger gewidmet (Claudia Öhlschläger: *Beschädigtes Leben. Erzählte Risse. Zu W.G. Sebalds poetischer Ordnung des Unglücks.* S.133-156.).

99 “It is highly probable that the quasi-photographic description is based on a real photograph.” Jan Ceuppens: *Tracing the Witness in W. G. Sebald.* In: Anne Fuchs/J.J. Long (Hgg.): *W.G. Sebald and the writing of history.* Königshausen&Neumann,

die Reise zusammenfassenden Satzes extrem geweitet hat, verengt sich er sich im Wartesaal und fokussiert schließlich die Uhr, die als Zeitmesser das Symbol für die vom Menschen vorgenommene Einteilung der Welt den Gipfel der Künstlichkeit darstellt.[100] Die Zeit schneidet die Minute des Weggangs unwiederbringlich ab von der gelebten Vergangenheit auf dem europäischen Festland, der vertrauten, alten Welt.[101] Sie trennt Kasimir letztlich genauso von seiner Heimat wie die Distanz. So sind die beiden Symbole, Uhr und Schiff, in seiner Erinnerung jene Zeichen, die für den traumatischen Weggang stehen. Der Text wirkt wie eine Parabel auf den unsagbaren und unheilbaren Schmerz des Fortgehens:

> Sebald "is interested in the long-term effects on émigrés who may appear well adapted but, especially as they move towards old age, are still suffering from having been ostracised, deprived of country, family, language. There are damages to people's inner lives that can never be rectified."[102]

Kasimirs Reisebericht ist ein Beleg für eine unumkehrbare Situation im Leben selbst, nicht mehr nur ein Bericht eines Einzelnen. Die starke Metaphorisierung dieser Passage dient zu ihrer Erhebung in die Fiktionalität, die hier eine allgemeingültige Aussage trifft: Weggang ist nicht bloß mit Vorfreude und Erlösung von materieller Not verbunden, er bedeutet auch Abschiedsschmerz und Verlust und stellt immer eine einschneidende Veränderung dar, die in ihrer Konsequenz irreparable Schäden an der Seele hervorrufen kann.

Mit dem Beispiel des deutschen Onkels, der sein Land am Vorabend der „Machtergreifung" Adolf Hitlers Deutschland aus wirtschaftlicher Not verlässt, wird an das Schicksal einer ganzen Auswanderergeneration erinnert. Zugleich evoziert die Erzählung des Onkels eine Linie zwischen dem eigenen Schmerz des Exils und jenem all jener bald folgenden jüdischen Deutschen, die aufgrund der Rassengesetze unter nationalsozialistischer Herrschaft Deutschland ebenfalls verlassen mussten, wie der Protagonist der vierten Erzählung *Max Aurach*.

Würzburg 2007, S.59-72, hier S.68.

100In seinem Werk *Austerlitz* verdichtet sich die philosophische Kritik Sebalds an der Institution in einer vom Protagonisten so genannten „Disposition über die Zeit", A 145ff.

101DA 119, A 16f., A 21, A161.

102Maya Jaggi, *Recovered memories.*

3.2 Fiktive Strategien des Erzählens

3.2.1 Reise und Exil bei Sebald

> „Sebalds Buch ist zu gleichen Teilen Reisebericht, lokalhistorische Forschung und eine literarische Sammlung von Merkwürdigkeiten“ [...] [103]

Zu Beginn von Sebalds Erzählungen steht fast immer eine Reise[104], sie ist handlungsmotivierend und Voraussetzung für die Diegese. Dieses Kapitel untersucht die Bedeutung der Reisen in Sebalds Werken als eine textinterne Strategie, um Fiktivität zu erzeugen.

Sebalds Texte zeichnen sich durch den Bogen einer weiten Analepse aus, die die Reise des Erzählers bzw. die Reisen der Protagonisten mit einem großen enzyklopädischen Fachwissen verwebt[105]. Somit bildet die Erinnerung an diese Reisen den Schlüssel zum Erzählen vom Leben in der Vergangenheit. Die ganze Sebaldsche Prosa baut auf diesem Schema auf.

> „[Sebalds Ich-Erzähler] ist der Wanderer, der Getriebene, der Wallfahrer, der Spurensucher, der alle literarischen Bücher Sebalds bestimmt, eine zugleich diskrete und verschwiegene, aber dennoch mächtige Figur, die Sebalds Prosa mit sich und ihrer Weltsicht imprägniert.[106]

Sein Erzähler kennt zwei Gründe, eine Reise anzutreten: die Zerstreuung und die Anfertigung von Studien bzw. Niederschrift von Erlebnissen. Zunächst wird aufgezeigt, warum der Zerstreuungsversuch nahezu immer im Scheitern endet und warum diese Sinnkrise des Individuums dem fiktionalen Erzählen als Ausgangspunkt dienlich ist. Der zweite Punkt wird maßgeblich im Kapitel *Erzähler und Autor: Die Erfindung des Ich* analysiert, da Passagen über das Schreiben in Sebalds Erzählungen vor allem im Verwechslungsdiskurs Erzähler/Autor von Interesse sind.

3.2.1.1 Sebalds Reisen – Ortswechsel als Grundvoraussetzung der Fiktion

Eine Reise ist ein Sich-Begeben an einen anderen Ort. Viele glauben, in der Ferne sich selbst begegnen zu können – sie meinen damit, dass sie an einem anderen Ort einen neuen Blick auf die eigene Rolle in der Welt bekommen, und hoffen, nebenbei Gelassenheit zu gewinnen. Mit der eigenen Standortverschiebung sollen verborgene Zusammenhänge sichtbar werden; was vorher undenkbar schien, rückt in den Bereich des Möglichen. Andererseits wird so aus dem erwachsenen Menschen, der sich auskennt und in seiner Welt gefestigt ist, auf einer Reise in unbekanntes Gebiet ein leicht zu verwirrendes, zerbrechliches Individuum: Er wird wieder zum Kind, das sich allein auf seine Sinne

---

103Martin Siefkes: *Die Landschaft der Zeichen. Eine semiotische Analyse von W. G. Sebalds Die Ringe des Saturn.* In: PhiN 49/2009, S. 56–83, hier S.57.

104Schon in den Titeln dreier von vier Erzählungen im Band *Schwindel. Gefühle.* ist dies ablesbar: *All'estero*, *Dr. K.'s Badereise nach Riva* und *Il ritorno in patria.*

105Der Besuch des Erzählers in der Kapelle „Chiesa Sant'Anastasia“ ist ein Beispiel für eine solche Verwebung von Wissen und Reiseerlebnis (SG 84ff.).

106Sigrid Löffler: *„Melancholie ist eine Form des Widerstands“. Über das Saturnische bei WG Sebald und seine Aufhebung in der Schrift*, in: Heinz Ludwig Arnold (Hg.): Text und Kritik 158 (2003), S. 103-111, hier S.107.

verlassen muss. Schritt für Schritt muss er sich seine Topografien neu entdecken. So gesehen ist die Reise das greifbare Pendant zur Fiktion, die Fiktion eine „Reise in die Fantasie".

Die Menschen in Sebalds Büchern reisen nie in Gesellschaft; das „immer wiederholte Reisen und Wandern ist eine Art mit sich allein zu sein."[107] Häufig verspricht sich der Sebaldsche Erzähler nämlich eine therapeutische Wirkung von der Reise. So macht er sich in *Schwindel. Gefühle.* auf, „um über eine besonders ungute Zeit hinwegzukommen"[108]; und „nach dem Abschluß einer größeren Arbeit" will er in *Die Ringe des Saturn* der „in mir sich ausbreitenden Leere"[109] entkommen. In *Die Ausgewanderten* lassen ihn die in seiner Familie verschwiegenen Todesumstände seines Großonkels[110] bzw. die Gründe für den Freitod seines Volksschullehrers[111] nicht los. Der Ich-Erzähler in *Austerlitz* schließlich verreist „teilweise zu Studienzwecken, teilweise aus anderen, mir selber nicht recht erfindlichen Gründen [...]"[112]. So wird vom Ich-Erzähler zu Beginn jeder Erzählung ein intimer Rahmen hergestellt, in dem er dem Leser meist seine Veranlassung zur Reise erläutert. Die folgende Erzählung wird dadurch legitimiert.

Der Ich-Erzähler und die reisenden Figuren begeben sich an real existierende Orte, die Reisewege sind in logischen Zusammenhängen beschrieben und teilweise bis ins kleinste Detail nachvollziehbar[113]. Bei Sebald wird jedoch oft nur die Hinreise beschrieben; sie beginnt mit der Ankunft am fremden Ort und endet mit der Flucht oder der Rückkehr ins Hotel. Nie fährt der Ich-Erzähler los, nie kommt er zu Hause an.[114] Folgerichtig spricht Öhlschläger von einer „Heimat- und Ortlosigkeit"[115]: Wer keinen Ort hat, wohin er zurückkehren kann, der kann auch nicht „in die Fremde" reisen, denn die Fremde ist für den Heimatlosen überall. Der offene Schluss der Werke Sebalds korrespondiert mit dieser Feststellung und nähert den Reisebericht der Gegenwart an, er versetzt ihn stärker ins Mögliche. Der Ich-Erzähler lässt los, der Leser muss übernehmen.

Nicht nur der Erzähler begibt sich auf Reisen, auch die Menschen, die er trifft, verreisen oder erzählen von Reisen anderer. So überlagern sich Orte des Erzählens mit Orten der Reise: Reiseziele werden zu Orten des Erzählens, die mit Schicksalen verknüpft werden. Eine vorab gehegte Vorstellung von der Fremde wird bei Sebald nur selten festgehalten. Wenn dies der Fall ist, so sind die Vorstellungen des Reisenden voller Hoffnungen und durchweg positiver Projektionen, wie bei Max Aurach:

107Ruth Klüger: *Wanderer zwischen falschen Leben.* In: Heinz Ludwig Arnold (Hg.): *W.G. Sebald.* Text + Kritik 158 (2003), S.95-102, S.96.

108SG 39.

109RS 9.

110„[mehr und mehr] begann sich in mir das Bedürfnis zu regen, mehr über die Lebensläufe der auf ihnen [den Familienfotos, JK] Abgebildeten in Erfahrung zu bringen." DA 103.

111„[Ich] versuchte, hinter seine mir unbekannte Geschichte zu kommen." DA 42.

112A 5.

113Der in *Il ritorno in patria* beschriebene Wanderweg von Schattwald nach Wertach wurde nach dem Tod des Autors auf den Namen „Sebald-Weg" getauft und ist seither ein Pilgerweg für Sebald-Leser aus aller Welt. (Quelle: http://www.wgsebald.de/sely/sebaldweg.html, abgerufen am 10.07.2011)

114Selbst in der Erzählung *Il ritorno in patria* nimmt die Reise kein Ende: Der Erzähler fasst zwar den Entschluss, nach England „zurückzukehren", und tatsächlich dürfen wir ihm bis in die Londoner Vorstädte *Arden and Maryland* folgen – doch zu Hause kommen wir nicht mit ihm an. SG 195; 297.

115Claudia Öhlschläger: *Beschädigtes Leben. Erzählte Risse.* S.16.

„Ahnungslos, wie ich war, glaubte ich, [...] ein neues, voraussetzungsloses Leben beginnen zu können, aber gerade Manchester hat mir alles in Erinnerung gerufen, was ich zu vergessen suchte [...]"[116]

Die Fremde ist also bei Sebald kein neues Territorium, das durch das *Ich* neu erschlossen und beschrieben wird, es sind dort im Gegenteil Linien Anderer bereits vorhanden, die ihm einen Weg vorzeichnen, der es zu sich selbst zurückführt. Diese „Beschriebenheit" von Orten stellt die Folie für die Fiktionalisierungsstrategie in Sebalds Werk dar. Wenn der Ich-Erzähler auf einen so beschriebenen Ort trifft, ergibt sich in Sebalds fiktionaler Welt immer eine zusätzliche Dimension.

Orte als Bedeutungsträger „erinnern" sich bei Sebald an das, was an ihnen geschehen ist:

"'Places seem to me to have some kind of memory, in that they activate memory in those who look at them,' says Sebald. 'It's an old notion - this isn't a good house because bad things have happened in it.'"[117]

In *Die Ringe des Saturn* stellt der Ich-Erzähler ebenfalls fest, dass an jedem Ort, den er aufsucht, immer schon jemand vor ihm da war. Er weiß (nun, beim Aufschreiben) um die „Geschichten" dieser Orte; so wird aus einem Fußmarsch (einer *Wallfahrt*, wie es im Untertitel heißt) quer durch ein vermeintlich leeres, ödes Land eine Erzählung voller Geschichten aus den unterschiedlichsten Epochen. Der Leser wird unversehens zum Zeugen einer allein durch die Eindrücke des Erzählers zusammenhängenden Lexiko-Topografie über die unterschiedlichsten Themengebiete, die sich durch Länder aller Kontinente zieht.

3.2.1.2 *Ambros Adelwarth:* Die Ausreise des Onkel Kasimir

Einen Reisebericht einer unumkehrbaren Reise finden wir in der schon erwähnten Erzählung *Ambros Adelwarth*, in der der Onkel des Ich-Erzählers wiedergibt, wie er selbst zum „Ausgewanderten" wurde. Er leitet die Nacherzählung seiner Überfahrt nach Amerika im Februar des Jahres 1928 mit folgenden Worten ein:

„An die Bahnfahrt durch Deutschland habe ich keine Erinnerung mehr, außer daß mir alles, wahrscheinlich weil ich nie über das Allgäu und das Lechfeld hinaus gekommen war, fremd und unbegreiflich erschienen ist, die Gegenden, durch die wir kamen, die großen Bahnhofshallen und Städte, das Rheinland und die weiten Ebenen droben im Norden. "[118]

Das Erzählen einer vollständigen Geschichte wird Kasimir schon zu Beginn unmöglich: Noch ehe er überhaupt angefangen hat, verlässt ihn seine Erinnerung. Er setzt die Erinnerungslücke an den Anfang des Reiseberichts, um sie sogleich mit den vertrauten Orten „zu besetzen": Das Allgäu und das Lechfeld sind ihm zugänglich, sie nehmen einen Platz in seiner Lebensrealität ein. Die Überschreitung der selbst auferlegten topografischen Grenzen stellt für Kasimir nicht nur einen Bruch mit der eigenen Vergangenheit dar, er verlässt auch für immer den Ort, mit dem er emotional tief verbunden ist. Die Bahnreise selbst besteht aus vorbeiziehenden Bildern, „unbegreiflich", da er sie nicht festhalten kann,

116DA, S.286.
117Maya Jaggi, *Recovered memories.*
118DA 118f.

sie rasen an ihm vorbei und hinterlassen keinen Eindruck. Das Reiseerlebnis wird zu einem blinden Fleck in der Biografie des Onkels, die Leere der Landschaft versinnbildlicht das Trauma der Ausreise in die große, unbekannte Welt. Kasimir ist ein zögerlicher Ausreisender und in einer finanziellen Notlage, als er den Entschluss fasst. Er entscheidet gegen sein Herz.

3.2.2 Fühlen, Denken, Verzweifeln: Erinnern und Erinnerungslosigkeit in *All'estero*

Ein weiteres Beispiel sowohl für die Reise als Fiktionsvoraussetzung als auch für fotografisches Erzählen findet sich in der Erzählung *All'estero* im Band *Schwindel. Gefühle.*

Fremde Orte können dem empfindsamen Menschen bei Sebald in düsteren metaphysischen Empfindungen vermitteln, was an ihnen geschehen ist.

> "Places seem to me to have some kind of memory, in that they activate memory in those who look at them [...] It's an old notion - this isn't a good house because bad things have happened in it. Where I grew up, in a remote village at the back of a valley, the old still thought the dead needed attending to - a notion so universal it's enscribed in all religions. If you didn't, they might exact revenge upon the living."[119]

Für das denkende, Analogien suchende Individuum kann das Aufsuchen der Orte ein Wagnis darstellen, da die „wachgerüttelten", in ihnen ruhenden Ereignisse schwere Auswirkungen auf seine Psyche haben können. Am Beispiel des Ich-Erzählers in *All'estero,* der zweiten Erzählung in *Schwindel. Gefühle.* wird deutlich gemacht, wie stark die Erinnerungstätigkeit des Ich-Erzählers mit der Konstituierung seiner Persönlichkeit zusammenhängt. Bei dieser Untersuchung wird gleichzeitig die Verbindung von Erinnerung und Fotografie in Sebalds Werk angeschnitten, die in einigen Forschungsarbeiten bereits verhandelt wurde.[120] Sie stellt die Schnittmenge des ersten Teils mit dem zweiten dieser Studie dar, da die „versteckten Fotografien" in Sebalds Werk jenen gegenüber stehen, die im dritten Teil auf intermedialer Ebene betrachtet werden.

Der Ich-Erzähler begibt sich im Frühherbst 1980 nach Wien, um „über eine besonders ungute Zeit hinwegzukommen."

> „Jeden Morgen früh machte ich mich auf und legte in der Leopoldstadt, in der inneren Stadt und in der Josefstadt anscheinend end- und ziellose Wege zurück, von denen keiner, wie sich zu meinem Erstaunen bei einem späteren Blick auf den Plan zeigte, über einen genau umrissenen, sichel- bis halbmondförmigen Bereich hinausführte [...] Hätte man die Wege, die ich damals gegangen bin, nachgezeichnet, es wäre der Eindruck entstanden, es habe hier einer auf einer vorgegebenen Fläche immer wieder neue Traversen und Winkelzüge versucht, um aufs neue stets am Rand seiner Vernunft, Vorstellungs- und Willenskraft anzugelangen und zum Umkehren gezwungen zu werden."[121]

Der Aufenthalt am fremden Ort führt beim Ich-Erzähler zur vollkommenen Abschottung und schließlich zu einem an Hospitalismus grenzenden Verhalten. Nur die Gewohnheit des Spazierengehens hat der Erzähler von seiner Persönlichkeit erhalten können. Auf seinen Gängen durch die Stadt ist er in

119Maya Jaggi: *Recovered Memories.*
120Carolin Duttlinger: *Traumatic Photographs*, Sonja Dickow: *Latente Bilder. Fotografie, Trauma und Erinnerung in W.G. Sebalds* Austerlitz, Stephanie Harris: *The Return of the Dead. Memory and Photography in W.G. Sebald's* Die Ausgewanderten.
121SG 41f.

seiner Perspektive des Spaziergängers gefangen und behält – wie Kasimir auf der Zugreise durch das ihm fremde Deutschland – keinen Eindruck bei sich, alles zieht an ihm vorbei. Die Wahrnehmung des Ich-Erzählers kreist um ihn selbst, von einer Bildungserfahrung kann keine Rede sein. So wehrt er sich auch vehement gegen das Ankommen und die Auseinandersetzung mit der Fremde:

> „Ich habe mir [...] nichts angesehen, bin, außer in Kaffeehäuser und Gastwirtschaften, nirgends hineingegangen und habe, außer mit Kellnern und Serviererinnen, mit niemandem ein Wort gewechselt.“[122]

Dem Ich-Erzähler scheint mit der Reise die Möglichkeit abhanden gekommen zu sein, seinem Tun am fremden Ort einen Sinn zu geben:

> "The narrator's problem in *Vertigo* is equivalent to that of most of Kafka's heroes [...]: an epistemological *malaise* manifest on the level of *mobility* [...]"[123]

Das rekapitulierende, schreibende Ich aber weiß um die Wegbeschränkung, die erst durch einen Blick auf die Karte ersichtlich ist, also aus einer Nachzeitigkeit heraus und aus der Vogelperspektive auf die damals zurückgelegten Wege blickend. Die reflexive Distanz kennzeichnet ihn als mental gesund. Der haltlose Spaziergänger, der nicht stehen bleiben und betrachten kann, steht dem sezierenden Blick des Rationalisten gegenüber, dessen Perspektive sich durch seine ihm eigene Nachzeitigkeit erweitert hat. Während sich das erinnernde Ich in den Chronologie der Weltgeschichte einordnen kann, verliert sich der Wienreisende in Raum und Zeit.

Der Erzähler ist gleichzeitig Subjekt und Objekt – es entsteht ein Doppelgänger-Effekt[124], denn durch den Blick auf die Karte und die Verortung der Wege erscheint es dem Erzähler und damit dem Leser, als wäre sein früheres Ich noch immer ziel- und ruhelos in Wien unterwegs.

Beide Perspektiven resultieren aus einem Hineinversetzen in eine Leere der Zeit. Die Tätigkeit des Schauens wie auch jene des endlosen Umherlaufens sind von der Empfindung der Zeitlosigkeit geprägt. Die Handlungsarmut und das Versinken in der Selbstbetrachtung verleiten zudem dazu, diese Episode wie ein stillstehendes oder surrealistisches Bild zu betrachten. Kontinuität ist aufgehoben, Stagnation bestimmt das Leben des Menschen. Der Reisebericht am Anfang von *All'estero* trägt somit schon alptraum- und bildhafte Züge. Ähnliche psychische Grenzerfahrungen erleidet der Erzähler auch nach der Ankunft in Verona:

> „Schon sah ich mich die ganze Nacht über sitzen bleiben in der Arena, von meiner Angst gelähmt und der Kälte. All mein vernünftiges Denken musste ich schließlich zusammennehmen, um aufstehen und auf den Ausgang zugehen zu können.“[125]

122SG 44.

123R.J.A. Kilbourn: *Kafka, Nabokov... Sebald: Intertextuality and Narratives of Redemption in* Vertigo *and* The Emigrants. In: Scott Denham/Mark McCulloh (Hgg.): *W.G. Sebald. History, Memory, Trauma.* Walter de Gruyter Berlin/New York 2006 (=*Interdisciplinary German Cultural Studies* Volume 1), S.33-63, hier S. 45.

124Das Doppelgänger-Motiv in den Abbildungen der Erzählung *All'estero* ist von Thomas von Steinaecker herausgearbeitet worden (*Foto-Texte,* S.253). Auch jede Fotografie verewigt laut Roland Barthes den Doppelgänger seines Referenten: „Tatsächlich lässt sich eine Fotografie nie von ihrem Bezugsobjekt (*Referenten*; von dem, was sie darstellt) unterscheiden, wenigstens nicht auf der Stelle und nicht für jedermann [...] Von Natur aus hat die Photographie [...] etwas Tautologisches [...]“ *Die helle Kammer,* S.13.

125SG 87.

Diese Selbstbetrachtung entfaltet durch die Konzentration auf die Auswirkungen der schlechten psychischen Verfassung[126] eine Schaukelbewegung. Das erste Scheitern der Kommunikation (er versucht vergeblich, einige Bekannte anzurufen) mündet in den Eindruck der Ausgeschlossenheit, was wiederum zu stärkerer Zurückgezogenheit führt. Das erinnerte Ich wird dem Leser, ja selbst dem rekapitulierenden, aufschreibenden Erzähler entfremdet durch die radikale Subjektivität, der Wiedergabe von „Schwindelgefühlen, Gefühlen der Irritation und Dissoziation“[127].

Die Wiederholung der Reise im Jahr 1987 erzeugt als Steigerungsform dieser Dissoziation eine plötzliche „Lähmung des Erinnerungsvermögens“. Damit geht die Unmöglichkeit einher, zwischen Leben und Tod bzw. zwischen Lebenden und Toten zu unterscheiden:

> „Trotz des angestrengtesten Versuchs, mir Rechenschaft zu geben über den Verlauf der letzten Tage, die mich hierher gebracht hatten, wußte ich nicht einmal zu sagen, ob ich noch in der Landschaft der Lebendigen oder bereits an einem anderen Ort weilte.“[128]

Mit dem Sehen von Toten ist die letzte Gebundenheit der Ich-Figur an das zeitliche Kontinuum aufgehoben. Darin ähneln die Reiseberichte Sebalds der Betrachtung alter Fotografien im Sontag'schen Sinne einer Äquivalenz des Fotografierens mit einer Inventur der Sterblichkeit[129], weil sie die Gleichzeitigkeit der Vergangenheit mit der Gegenwart suggerieren. Aus der halluzinierten Begegnung mit Verstorbenen entwickelt sich das Bild eines vereinsamten Menschen, der zwischen Toten und Lebenden wie ein Geisterseher umher wandelt und somit nicht mehr die essentiellste Unterscheidung treffen kann: ob er selbst schon tot oder noch lebendig ist. Damit geht die Assoziation einher, der Erzähler könnte einem Fluch anheim gefallen sein, die zum Verlust des Verstandes und der Identität geführt haben könnte.[130]

Während der klassische Reisebericht unter der Prämisse steht, dem Leser den Ort in einem positiven Sinne näher zu bringen, ihn neugierig zu machen und Nachvollziehbares zu berichten, kippt das Nacherzählen der persönlichen Wahrnehmungen bei Sebald ins Unwahrscheinliche, in *Schwindel. Gefühle.* auch ins Fantastische und Wahnhafte. Halluzinationen und Anwandlungen von

---

126„die Unfähigkeit, die [...] Grenzlinien zu überschreiten [...]“; „ein Ding der Unmöglichkeit [...], in eines der öffentlichen Verkehrsmittel zu steigen [...]“ SG 42.

127Claudia Öhlschläger: *Beschädigtes Leben*, S.16.

128SG 136.

129„Fotografieren heißt, die Sterblichkeit inventarisieren.“ Susan Sontag, *Über Fotografie.* S.72.

130Die andere verlorene Seele, die den Ort ihrer Bestimmung verfehlt, taucht in Sebalds erstem Prosatext noch häufiger auf. Es ist der verirrte Jäger Gracchus aus Kafkas gleichnamiger Erzählung, der vorgibt, der Erinnerungslosigkeit ausgesetzt zu sein und daraufhin zum ewigen Seereisen verdammt wird. (Franz Kafka: *Der Jäger Gracchus.* In: Ders.: *Beim Bau der Chinesischen Mauer.* S.29-34) Auch er befindet sich also zwischen Leben und Tod und kann, weil er dem Leben zu sehr verhaftet ist – nicht im Reich des Todes ankommen. Dass die beiden in einer klaren Abfolge stehenden Handlungen – die Aussage des Jägers und seine Ausweisung durch den Bürgermeister – in einem kausalen Zusammenhang stehen, wurde erst von Marianne Krock herausgearbeitet: Die Verbindung der beiden Texte (Sebalds und Kafkas) liegt in der Aussage, dass nur das Gedenken, das Erinnern und die persönliche Auseinandersetzung die Seele retten und „heim führen“ können. (Marianne Krock: *Oberfläche und Tiefenschicht im Werke Kafkas.Der Jäger Gracchus als Schlüsselfigur.* Marburger Beiträge zur Germanistik, Elwert Verlag Marburg 1974, S.11ff. Von der Kafka-Forschung wurde die Erzählung lange irrtümlich als Fragment gehandelt.) Auch Balzacs Colonel Chabert in *Austerlitz* ist eine solche Figur, ihre Bedeutung für den Komplex der Erzählung wird in Kapitel III beschrieben.

Menschenfeindlichkeit, die durch die Reise erst ausgelöst wurden, widersprechen dem Duktus des Reiseberichts. Hier wird „[...] die Begegnung mit der Fremde zu einer Grenzerfahrung des bedrohten Ich […]“[131]: Der Sebaldsche Reisebericht zu Beginn der Erzählung *All'estero* mündet in die Parabel der Entwurzelung und der Heimatlosigkeit. Die Sprachlosigkeit des Erzählers[132] aufgrund fehlender sozialer Kontakte (Freunde sind nicht zu erreichen) und seine Gespräche mit Vögeln[133], die Plastiktüte und das stundenlange Sitzenbleiben auf einer Parkbank werden vom Leser sofort assoziiert mit dem sozial ausgegrenzten, geistig verwirrten[134] alten Mann. Unmerklich wird der gebildete Mensch, der sich zur Zerstreuung auf die Reise begeben hatte, zum Clochard.

Worin besteht aber in Sebalds Text die Bedrohung? Es ist die fehlende Verbindung zum neuen Ort, symptomatisch geschildert durch die Abwesenheit von Kommunikation und die allzu eingängige Bespiegelung in der Fremde. Das Ich entfremdet sich seiner Umgebung, weil es sich nicht mit ihr bzw. ihrer Vergangenheit auseinandersetzt.

Stehenbleiben: Die Kontemplation als Rettung, die Koinzidenz als Anker

Erst „auf dem Ruprechtsplatz“ hält der Erzähler inne:

> „Im ersten Stock des Gebäudes, in welchem sich die Synagoge befindet und ein koscheres Restaurant, standen die Fenster weit offen – denn es war ein außergewöhnlich schöner, fast hochsommerlicher Herbsttag -, und die unsichtbaren Kinder darinnen sangen in englischer Sprache seltsamerweise „*Jingle Bells* und *Silent Night, Holy Night*“. Die singenden Kinder und jetzt die zerfetzten und, wie mir vorkam, herrenlosen Schuhe. Schnee und Schuhe zuhauf – mit diesen Worten im Sinn legte ich mich nieder.“[135]

Durch das geöffnete Fenster – ein Auslöser für die Erinnerung in Sebalds Werk[136] – dringt nun doch endlich etwas aus einem Gebäude an das Ohr des Erzählers, er nimmt wahr, was ihm verborgen geblieben war, eine Sinneinheit aus der Stadt Wien, wie es sie nur hier und nur jetzt geben kann.

Die Kinder selbst sind nicht sichtbar, doch mit ihrer Verortung im jüdischen Gemeindezentrum geht das Wissen um ihre Religionszugehörigkeit einher. Dies ist das erste Bruchstück, das der Ich-Erzähler in einen Erinnerungskosmos einfügt, der ihn letztendlich auf „die richtige Spur“, zurück zu seiner Persönlichkeit bringen soll. An zweiter Stelle steht das Gehörte: Dem Liedtext entnimmt er den Schnee. Sebald setzt durch die Alliteration Schuhe/Schnee[137] in Verbindung mit dem Wort „zerfetzt“ vor dem Hintergrund der singenden jüdischen Kinder eine Assoziationskette in Gang, die in das Bild der zurückgelassenen Schuhe in Auschwitz, dem sinnbildlichen einen Ort der Shoa mündet. Der Text allein

131Claudia Öhlschläger: *Beschädigtes Leben. Erzählte Risse*, S.16.

132„[...] meine seit Tagen andauernde Sprachlosigkeit“, SG 43. In der Geschichte *Ambros Adelwarth* ist bei einer Schocktherapie des Onkels von Resultaten wie „Verödung und Einebnung des kranken Subjekts, zunehmende Schwerbesinnlichkeit, verlangsamtes Denken und […] das gänzliche Verstummen“ die Rede als Therapieerfolge im Sinne einer „möglichst gründlichen und unwiderruflichen Auslöschung des Denk- und Erinnerungsvermögens“ (DA 166f.).

133SG 44.

134„Lähmung oder Krankheit des Kopfes“, SG 44.

135SG 44.

136Austerlitz' Leben in der Erinnerungslosigkeit beginnt bei dem Pflegeelternpaar in Wales, wo „nie ein Fenster aufgemacht worden ist“ (A 66); während ihrer erinnernden Erzählung war Věra „aufgestanden […] und öffnete das äußere und das innere Fenster“ (A225), Agáta „scheute sich, das Fenster aufzumachen“ (A 250), was mit der schmerzhaften Erinnerung an ihren Sohn gleichbedeutend wäre usw.

137Den Homophonen Schuhe und Schnee könnte man als ein Drittes, im Text Ungenanntes die Shoah anfügen.

klärt den Leser nicht darüber auf, wie alle genannten Dinge miteinander zusammen hängen und wie genau sie dem Erzähler dazu verhelfen, sich aus seiner Lethargie zu befreien. Sebald gibt dem Leser nur die Bruchstücke an die Hand, die Vorstellung des nicht Beschreibbaren muss vom Leser selbst in einer Assoziationskette hergestellt werden, um das Heraustreten aus dem Vergessen zu befördern:

> „Ein Massengrab läßt sich nicht beschreiben. Das heißt, man muß andere Wege finden, die tangentieller sind, die den Weg der Erinnerung gehen [...]"[138]

Die Verbindung, die der Erzähler zwischen den „Schuhen zuhauf", dem Schnee und der jüdischen Gemeinde in Wien zu erkennen scheint, weist ihm schließlich den Weg aus der Erinnerungslosigkeit. Die Lösung liegt im Ursprung der Situation: Der Erzähler bleibt stehen, weil er die Kinder singen *hört*. Die rettende Kette von Sinneswahrnehmungen wiederum ist dem glücklichen Zufall geschuldet, dass das *Fenster geöffnet* ist – und Fotografien werden bei Barthes auch als „Fenster zur Vergangenheit" metaphorisiert:

> „Die Photographie gehört zu jener Klasse von geschichtlichen Objekten, von denen man auch nicht zwei Blätter abtrennen kann, ohne sie zu zerstören: Die Fensterscheibe und die Landschaft [...]"[139]

Im Text werden Elemente aus einer weltberühmten Fotografie genannt, an die sich der Ich-Erzähler zu erinnern scheint.

Abb.1: Schuhe in Auschwitz, 1945

Es ist ein Foto, das die amerikanischen und sowjetischen Befreier des Vernichtungslagers Auschwitz als Beweismaterial für die Verbrechen der Nationalsozialisten aufgenommen haben und das einen Schuhberg zeigt als den sichtbaren und sinnbildlichen Überrest der Eingeäscherten. Dadurch fand es Eingang in das kulturelle Bildgedächtnis. Was auf diesem und den anderen Fotos sichtbar ist (Schnee, Krematorien, Schuhberge) ist mit den unvorstellbaren Inhalten der Verbrechen untrennbar verbunden. Die Abbildung fungiert im kollektiven Gedächtnis als Platzhalter für die nicht abzubildenden Grausamkeiten, die Shoah und die mit ihr zusammenhängende Erinnerungslosigkeit der Deutschen:

138W.G. Sebald: *Hitlers pyromanische Phantasien.* S.264.
139Roland Barthes: *Die helle Kammer,* S.13.

„Dieses Spiel mit dem kommunikativen Gedächtnis der Rezipienten läßt sich ebenso als eine Variante des Sebaldschen Intertextualitätsbewußtseins [und Intermedialitätsbewusstseins, JK] begreifen, das in der Tradition von Julia Kristeva aus dem Reservoir eines allgemein vorhandenen Wissens schöpft.“[140]

Die aufeinanderfolgenden Zeichen verdichten sich im Gedächtnis des Erzählers und führen zur Erinnerung an eine Fotografie. Das Foto wird so zum Ort des rekonstruierten Gedächtnis für den Erzähler, erst durch das erinnerte Foto kann sich der Erzähler wieder an Inhalte erinnern. Diese Verwendung eines Fotos wird bei Duttlinger als Ersatz für Erinnerung verstanden:

"[...] the photograph comes to stand in for the memories that are lost after the photographer's hysterical attack."[141]

Im Gegensatz zu Austerlitz (siehe 3.2.3) erinnert sich der Erzähler lediglich an die Fotografie und benutzt das Objekt selbst nicht als Medium, ihr Inhalt wird ohne ihre Präsenz aufgerufen und das Eingedenken auf diese Weise befördert. Der Ausweg aus der gedächtnislosen Zeit vollzieht sich immer in einem Akt des Erinnerns.[142] In *All'estero* bringt der Tagtraum Ordnung in die am Abend noch in unguter Vorahnung gehegten Gedankenbruchstücke: Der Erzähler verbindet die englische Version der (ihm auf Deutsch bekannten) Weihnachtslieder mit seiner Wahlheimat England, das zerschlissene Innenfutter seiner Schuhe und die (singenden) jüdischen Kinder assoziiert er mit einer Fotografie eines Schuhbergs (in Auschwitz) im Schnee.

„Nur die Erinnerung kann die Entfremdung heilen, wenigstens augenblickweise.“[143]

3.2.3 Austerlitz' Schreibkrise und die Gedächtnislosigkeit der Fotografie

Während der erinnerte Inhalt einer Fotografie im oben betrachteten fotografischen Erzählen zu einer fruchtbaren Rekonstruktion der Erinnerung beigetragen haben, sollen nun Parallelen zwischen dem heimatlosen Menschen und dem Medium Fotografie gekennzeichnet werden. Das metafiktionale Element des Schreibens wird an dieser Stelle betrachtet, genauer: die Schreibkrise.

Austerlitz tritt im Jahr 1991 in den vorzeitigen Ruhestand und sieht sich endlich in der Lage, das von ihm lange geplante Buchprojekt in die Tat umzusetzen:

„Wie gerne, sagte Austerlitz, bin ich nicht bei einem Buch gesessen [...] und wie behütet habe ich mich nicht gefühlt, wenn ich [...] nur zusehen mußte, wie die Spitze des Bleistifts [...] sozusagen von selber und mit vollkommener Treue ihrem Schattenbild folgte [...] Jetzt aber war mir das Schreiben so schwer geworden, daß ich oft einen ganzen Tag brauchte für einen einzigen Satz [...] Es war, als drängte eine seit langem in mir bereits fortwirkende Krankheit zum Ausbruch [...] Schon spürte ich hinter meiner Stirn die infame Dumpfheit, die dem Persönlichkeitsverfall voraufgeht, ahnte, daß ich in Wahrheit weder Gedächtnis noch Denkvermögen, noch eigentlich eine Existenz besaß [...] Wenn man die Sprache ansehen kann als eine alte Stadt, mit einem Gewinkel von Gassen und Plätzen, mit Quartieren, die weit zurückreichen in die Zeit [...] so glich ich selbst einem Menschen, der sich [...] nicht mehr zurechtfindet, der nicht mehr weiß, wozu eine Haltestelle dient, was ein Hinterhof, eine Straßenkreuzung, ein Boulevard oder eine Brücke ist. [...] Nirgends sah ich mehr einen Zusammenhang, die Sätze lösten sich auf in lauter einzelne Worte, die Worte in eine willkürliche Form von

140Marcel Atze: *Casanova vor der Schwarzen Wand. Ein Beispiel intertextueller Repräsentanz des Holocaust in W.G. Sebalds* Austerlitz. In: Ders., Franz Loquai (Hgg.): *Sebald. Lektüren.* Edition Isele, Eggingen 2005. S. 228-243, hier S.235.

141Carolin Duttlinger: *Traumatic Photographs,* S.160.

142Auf der „obersten Galerie“ des Mailänder Doms fällt dem Erzähler durch die gebeugte Haltung der gegen den Wind kämpfenden Mailänder eine Zeile ein: „Laufet eilends vor dem Wind“ (SG 136.). Erst durch die Verbindung mit einem aus dem Gedächtnis abgerufenen Text wird die reale Welt wieder mit Bedeutung aufgeladen.

143Sebald in Sigrid Löffler: *„Melancholie ist eine Form des Widerstands“,* S.110.

Buchstaben und die Buchstaben in zerbrochene Zeichen und diese in eine bleigraue, da und dort silbrig glänzende Spur [...]"[144]

Die Stadt als Topografie, als mehrdimensionaler Ort beinhaltet diverse Informationen, die in den beiden Medien Schrift und Bild festgehalten werden können. Austerlitz' Vergleich der Sprache mit der Stadt hebt hervor, dass das bildliche Seite (auch der Sprache) nicht das eigentliche Bedeutungselement ist, denn dem Sichtbaren muss Bedeutung erst zugeordnet werden. Da, wo das Wort als das betrachtet wird, was es – rein materiell gesehen – nur ist, nämlich eine Aneinanderreihung von Linien und Formen, wird es einer aufgefundenen Fotografie gleich.[145] Wenn sich das Bewusstsein auf die Form der Sprache konzentriert, wird es sich von der Sprache selbst entfernen. Austerlitz' Erfahrung, dass die Welt aus Bruchstücken besteht, hinter denen kein Sinn zu sehen ist, entspricht Sontags Beschreibung der Fotografie:

> „Die Fotografie fördert eine nominalistische Sicht der gesellschaftlichen Realität, so, als bestände diese aus kleinen, offenbar unendlich vielen Einheiten [...] Durch Fotografien wird die Welt zu einer Aneinanderreihung beziehungsloser, freischwebender Partikel, und Geschichte, vergangene und gegenwärtige, zu einem Bündel von Anekdoten und *faits divers*. Die Kamera atomisiert die Realität, macht sie „leicht zu handhaben" und vordergründig. Es ist eine Sicht der Welt, die wechselseitige Verbundenheit in Abrede stellt."[146]

Austerlitz' Sinnkrise besteht in der Annäherung der Gedankenarbeit des Individuums an die zerklüftete Welt der Fotografie: Das Sichtbare kann nur registriert, nicht aber eingeordnet und interpretiert werden. Vor dem Hintergrund der Äußerungen Sontags liest sich dieser Verlust wie eine logische Folge aus der Abwendung vom Schreiben (als eine aus Verbindungen bestehenden Gedächtniskonstituierung) und der Hinwendung zum Fotografieren:

> „Im Gegensatz zur Kamera, die alles sinnlos registriert, ‚meint' das Gedächtnis etwas. Es wählt aus, hebt bestimmte Erinnerungen auf Kosten anderer hervor und fügt das Erinnerte zu einer lückenhaften, aber absichtsvollen Geschichte zusammen. Die Fotografie hingegen erfasst das Gegebene nicht im Hinblick auf seinen möglichen Sinn, sondern scheidet es als Überrest, Fragment und 'Abfall' der Geschichte aus."[147]

Mit der Fertigung des Puzzles aus losen Einheiten, denen im Gesamtbild ein Sinn zukommt, korrespondiert der Bericht des Ich-Erzählers, die Zusammenstellung von Begegnungen mit Austerlitz und die Sammlung und Bündelung der Informationen, die er im Laufe der Freundschaft angehäuft hat. Selbst wenn das Sichtbare scheinbar das einzige ist, was übrig bleibt, ermöglicht die Sprache, diese fragmentarische Vergangenheit zu Sinnelementen zusammenzusetzen und ein Gedenken zu konstituieren.

144A 176ff.

145„Das was innerhalb der Fiktion lebendig wurde, sind nach ihrem Ende reine Buchstaben oder eben Fotografien, in jedem Fall Mittel der Darstellung und nicht das Dargestellte selbst." Antje Tennstedt: *Annäherungen an die Vergangenheit,* S.123. Denn was ist ein fotografischer Abzug anderes als die silbrige Spur, die nach der Entwicklung auf dem Papier fixiert ist?

146Susan Sontag, *Über Fotografie.* S.28.

147Peter Geimer: *Theorien der Fotografie zur Einführung.* Junius Verlag Hamburg 2009. S.127f.

4 Die Fotografien in Sebalds Werk

4.1 Verweise zur Theorie von Text und Bild sowie Ikonotexten

Da die Theorie von Bild und Text sowie der zahlreichen Verbindungen der beiden Medien nicht im Zentrum dieser Studie stehen, sollen an dieser Stelle die Arbeiten anderer Sebald-Forscher genannt werden, die in der Hinführung zu ihren Untersuchungen aufschlussreiche Zusammenfassungen der einschlägigen Theorien gegeben haben. Die Geschichte von Illustration und Bildbeigabe zu Text bis zum neuen Genre Foto-Text hat Thomas von Steinaecker in seiner Einführung in *Literarische Foto-Texte* ausführlich erläutert.[148] Theoretische Ausführungen zur Text-Bild-Forschung fasst Antje Tennstedt aufschlussreich zusammen[149]. Auch Alex Seiler stellt theoretische Ansätze der Text-Bild Forschung vor.[150]

4.2 Theoretische Vorbetrachtungen zur Fotografie

4.2.1 Der besondere Realitätsbezug der Fotografie

Wir müssen fotografische Bilder nicht erst lesen, damit wir sie verstehen – auch wenn sich uns nach genauerer „Lektüre" möglicherweise der ganze Inhalt des Dargestellten eröffnet, sagen Fotos doch dem Betrachter sofort irgendetwas, denn sie sind keinem Sprachcode unterworfen. Jeder versteht Fotos, weil sie Dinge so abbilden, wie man sie mit eigenen Augen sehen könnte. Daher wirken sie zunächst per se dokumentarisch:

> „So werden Fotos, im Gegensatz zu geschriebenen Texten, nicht als Interpretationen, sondern vielmehr als Fakten wahrgenommen."[151]

Gerade das Foto muss jedoch, weil es spezifische Aussagen über ein in der Vergangenheit stattgefundenes Ereignis macht, in einen Kontext eingebunden werden. Die Fotografie in unkommentierter Form ist ein bedeutungsoffenes Zeichen.[152] Das Medium Fotografie kann also bebildern, nicht jedoch einordnen und Beziehungen herstellen.[153] Trotz dieses Umstands bringen wir dem Foto noch immer ein besonderes Vertrauen entgegen, da wir es als eine Repräsentationsform wahrnehmen, die eine herausragende, privilegierte Beziehung zur vergangenen Realität besitzt.[154]

148Thomas von Steinaecker: *Literarische Foto-Texte.* S.9ff.

149Antje Tennstedt: *Annäherungen an die Vergangenheit,* S.36ff. Sie merkt insbesondere an, dass trotz der langen Tradition von Zusammenstellungen von Bild und Text „die Erforschung dieser Text-Bild-Bezüge immer noch in ihren Anfängen steckt".

150Alex Seiler: *„Als hätten die Bilder selbst ein Gedächtnis",* S.11ff.

151Dorian Waller: *Der heimatlose Bastler.* Die Melancholie des Ausgewanderten und ihre Bedeutung für die Textgestalt von W.G. Sebalds ‚Max Aurach'. Magisterarbeit an der philosophischen Fakultät der Universität Wien 2008.

152Vgl. Susan Sontag, *Über Fotografie,* S.24.

153Dies ist der Grund dafür, warum in *Die Ausgewanderten* die „Personenzeichnung [...] hauptsächlich auf textueller und nicht so sehr auf fotografischer Ebene erfolgt." Thomas von Steinaecker: *Literarische Foto-Texte.*S.186f.

154Susanne Lenné Jones: *What's in a Frame?,* S.15.

Diesen besonderen Realitätsbezug der Fotografie fasst Barthes im Vergleich mit anderen Künsten zusammen:

> „Die Malerei kann wohl eine Realität fingieren, ohne sie gesehen zu haben. Der Diskurs fügt Zeichen aneinander, die gewiß Referenten haben, aber diese Referenten können 'Chimären' sein, und meist sind sie es auch. Anders als bei diesen Imitationen läßt sich in der PHOTOGRAPHIE nicht leugnen, daß *die Sache dagewesen ist*." [155]

Mit dem Begriff *Chimären* umreißt Barthes Abstrakta oder Ausgedachtes – also ungefähr jenen Gegenstand, den das Wort Fiktion bezeichnet. Barthes zufolge können also Fotografien nichts Fiktives darstellen, sondern nur Konkretes, das deswegen konkret ist, weil es an die Wirklichkeit gebunden ist. Daher rührt ihr 'kalter' Blick, ihre nüchterne Betrachtung des Referenten[156], das scheinbare 'Nebenher' ihres Daseins mit einer gewissen Unbekümmertheit.

Besonderheit: Inszenierte Wirklichkeit

Eine Besonderheit stellen Fotografien dar, die eine Inszenierung abbilden. Für solche Fotos stellt Lars Blunck in seiner Einleitung zu dem Band *Fotografische Wirklichkeiten* fest:

> „Und doch kann es [...] neben der fotografisch wiedergegebenen 'wirklichen Wirklichkeit' auch eine andere, ausschließlich diegetische Wirklichkeit geben."[157]

Das fotografische Bild hat im Fall einer Inszenierung seines Motivs also zwei Wirklichkeiten, wobei die von Blunck angesprochene diegetische Wirklichkeit die *zweite* Ebene der Fiktionalität ist, wenn sich dieses Foto außerdem (wie im Fall von Sebalds Prosa) in einem fiktionalen Werk befindet.[158] Die Fotos von Inszenierungen sind bei Sebald eindeutig aufgrund von sichtbaren Markierungen der fingierten Wirklichkeit (Kostüm, Bühne, Maske, Gesten) erkennbar. Zudem markiert sie der Text als Inszenierungen.[159]

4.2.2 Fotos als Vergangenheitsbilder

Fotos stehen einem Gedankenbild durch eine Eigenschaft entgegen, die von Duttlinger als „irredeemably past character"[160] benannt wird: Durch den unverrückbaren und nicht zu ergänzenden Bildinhalt kann das Motiv zur Gegenwart keinen Zugang finden, es bleibt ein lähmendes Vergangenheitsbild, das in seiner Abgeschnittenheit unnatürlich und gegenläufig zum Gang der

155Roland Barthes: *Die helle Kammer,* S.86 (Hervorhebungen im Text).

156Barthes nennt das Motiv den Referenten: „Tatsächlich lässt sich eine bestimmte Photographie nie von ihrem Bezugsobjekt (*Referenten*; von dem, was sie darstellt) unterscheiden [...]", Roland Barthes: *Die helle Kammer*, S.13 (Hervorhebung im Text).

157Lars Blunck: *Fotografische Wirklichkeiten.* S.20.

158Dies ist der Fall auf drei der besprochenen Fotos: Die Theaterszene in *Il ritorno in patria* und das Bühnenbild mit zwei Schauspielern sowie der kostümierte Page in *Austerlitz*. Alle diese Fotografien werden in Kapitel III untersucht.

159Ein Szenenfoto in *Il ritorno in patria (Schwindel. Gefühle.)* stammt aus einer Inszenierung von Friedrich Schillers *Die Räuber,* der *Page der Rosenkönigin* von einem Kostümball, und die klar erkennbare Bühnenbildstruktur kennzeichnet das dritte Foto *Das Bühnenbild mit zwei Schauspielern* als inszeniert. Eine Rückbindung des Fotos an die jeweilige Inszenierung und damit an die Umstände der Aufnahmesituation erlaubt der umgebende Text jedoch nur im ersten Fall.

160Carolin Duttlinger: *Traumatic Photographs,* S.166.

Geschichte wirkt. Sebald selbst hat den Zusammenhang zwischen „lebendigem" Schreiben und „totem" Foto folgendermaßen beschrieben:

> „Die entscheidende Differenz zwischen der schriftstellerischen Methode und der ebenso erfahrungsgierigen wie erfahrungsscheuen Technik des Photographierens besteht allerdings darin, daß das Beschreiben das Eingedenken, das Photographieren jedoch das Vergessen befördert. Photographien sind die Mementos einer im Zerstörungsprozeß und im Verschwinden begriffenen Welt, gemalte und geschriebene Bilder hingegen haben ein Leben in die Zukunft hinein und verstehen sich als Dokumente eines Bewußtseins, dem etwas an der Fortführung des Lebens gelegen ist."[161]

4.3 Sebalds Fotos: Die vermittelte Verwendung eines (scheinbar) distanzlosen Mediums

Die Handlung bewegt sich in allen genannten Prosatexten Sebalds in der Grauzone zwischen Dokument und Fiktion. Kann der Leser zunächst nicht anders, als die Abbildungen als Beglaubigungen, als Beweise für den Wahrheitsgehalt des Textes anzusehen, gewinnen sie bei der ausgedehnten Sebald-Lektüre mehr und mehr an Bedeutung, büßen ihre Beglaubigungsfunktion[162] jedoch oftmals ein:

> „Die Abbildungen in Sebalds Texten spielen mit diesem Automatismus und warnen uns vor einer naiven Überschätzung des Augenscheins. Teilweise sind auf den Bildern nur Gegenstände zu erraten. Der Automatismus, der normalerweise das Sehen und Deuten ineinanderfließen läßt, funktioniert hier nicht. Der Leser sieht sich gezwungen, die Fotografien bewußt zu deuten."[163]

Ihre Verbindung zum Text kann sich verändern (d.h. sie negieren ihren Illustrationscharakter teilweise) und das Motiv bei einer erneuten Erwähnung (Spiegelung im Text) über sich selbst hinaus verweisen. Der Text stellt in den vorliegenden Werken die dominante Seite der Verbindung von Wort und Bild dar und ist in seiner Eigenschaft als fiktionaler Text definiert. Markierungslos, ohne in irgendeiner Hinsicht „bezeichnet" zu sein[164], wird er als ein solcher verstanden. Fotos hingegen stellen in einem literarischen Text noch immer eine Besonderheit dar. Sie sind eindeutig dem Text untergeordnet, da sie am Gesamtkunstwerk einen um ein Vielfaches geringeren Anteil ausmachen. So scheinen sie (als Zugabe) keine größere Bedeutung zu haben. Selbst der bekannte Literaturkritiker Marcel Reich-Ranicki tat Sebalds Abbildungen ab als „Mittel für einen Trivialroman"[165].

---

161 W.G. Sebald: *Die Beschreibung des Unglücks. Zur österreichischen Literatur von Stifter bis Handke.* Residenz Verlag Salzburg und Wien 1985. S. 178. Anlehnungen an Susan Sontags Essayband *Über Fotografie* („jede Fotografie ist eine Art *memento mori,* S.21, Hervorhebungen im Text) sowie Roland Barthes *Die helle Kammer* („Die Photographie [...] ist *ohne Zukunft* [...] sie besitzt nicht den geringsten Drang nach vorn [...]", S.100, Hervorhebungen im Text) sind in diesem Zitat deutlich ablesbar.

162 In *Schwindel. Gefühle.* verwendet Sebald den Ausschnitt einer Fotografie von Robert Walser und suggeriert im Text, es sei eine Abbildung seines Großvaters bzw. Ernst Herbecks (SG 48).

163 Antje Tennstedt: *Annäherungen an die Vergangenheit bei Claude Simon und W.G. Sebald* am Beispiel von *Le Jardin des Plantes, Die Ausgewanderten* und *Austerlitz*, S.118 (Fußnote 2).

164 Dazu gehört vor allem das Fehlen einer Genrebezeichnung auf dem Buchdeckel, also eines fiktionsexternen Hinweises auf die Textsorte.

165 *Das Literarische Quartett*, ZDF (Zweites Deutsches Fernsehen), 14.01.1993. Reich-Ranicki unterstreicht seine Einschätzung mit der Aussage: „Erst, wenn es von einer künstlerischen Kraft beglaubigt ist, wird das Erfundene authentisch [...]" und meint, diese künstlerische Kraft bei Sebald nicht entdecken zu können.

Dass die Fotografien in Sebalds Büchern tatsächlich „konstitutive Elemente“[166] im Gesamtwerk darstellen, wurde in zahlreichen Aufsätzen und wissenschaftlichen Arbeiten nachgewiesen. Susanne Schedel hat in ihrer Untersuchung *„Wer weiß, wie es vor Zeiten wirklich gewesen ist?“*[167] (2004) den Aspekt der Intermedialität in Sebalds Werk in einem Unterkapitel beleuchtet, Alex Seiler[168] hat 2008 die Fotografien in *Austerlitz* vor dem Hintergrund verschiedener Theorien (u.a. jener Aufschlüsselung Schedels) untersucht. Das Werk *Literarische Foto-Texte*[169] (2007) von Thomas von Steinaecker erörtert den „Stellenwert der Fotografie“[170] in Sebalds Werk, er findet zu einem Gesamtüberblick über das schriftstellerische Werk und bindet sowohl das Elementargedicht *Nach der Natur* als auch die vier Prosabände in seine Untersuchung ein. Katharina Kasinger untersucht ebenso die „Verwendung von Bildern bei W.G. Sebald“[171], richtet den Fokus aber auf die Fotografie und die Prosa des Autors. Den Zusammenhang von Fotografie und Erinnerung in *Austerlitz* haben gleich drei Aufsätze zum Thema: Alexandra Tischels *Aus der Dunkelkammer der Geschichte* (2006)[172], Carolin Duttlingers *Traumatic Photographs* (2004)[173] und die Bachelorarbeit von Sonja Dickow, *Latente Bilder* (2010)[174]. Auf dieselbe Thematik, jedoch im Werk *Die Ausgewanderten* hat Stefanie Harris[175] schon 2001 den Fokus ihrer Arbeit gelegt. Schließlich offeriert der Aufsatz *„Quasi jenseits der Zeit“* von Torsten Hoffmann und Uwe Rose[176] eine Lesart des Foto-Textes, die in der Untersuchung der Funktionen der Fotos und der Fotografie in Sebalds Werk im Ansatz die Gleichwertigkeit der Aussagekraft beider Medien voraussetzt.

Die vorliegende Studie entwirft eine Lektüre der Fotografien, die erst durch den werkübergreifenden Ansatz möglich ist: Hier soll das Medium Fotografie in seiner Verwendung als Assoziationen weckendes Zeichen betrachtet werden, das erst durch seinen neuen Gebrauch als Textelement eine Bedeutungsverschiebung und -verdichtung zur Bereicherung der Diegese erfährt. Rezeption und gedankliche Übertragung zwischen Bild und Text sollen in Kapitel II dieser Studie im Vordergrund stehen.

166Alex Seiler: *„Als hätten die Bilder selbst ein Gedächtnis.“ Zu Bedeutung und Funktion von Bildern in W.G. Sebalds „Austerlitz“.* VDM Saarbrücken 2008, S. 14.

167Susanne Schedel: *„Wer weiß, wie es vor Zeiten wirklich gewesen ist?“ Textbeziehungen als Mittel der Geschichtsdarstellung bei W.G.* Sebald. Königshausen & Neumann, Würzburg 2004.

168Alex Seiler: *„Als hätten die Bilder selbst ein Gedächtnis.“ Zu Bedeutung und Funktion von Bildern in W.G. Sebalds „Austerlitz“.* VDM Saarbrücken 2008.

169Thomas von Steinaecker: *Literarische Foto-Texte. Zur Funktion der Fotografien in den Texten Rolf Dieter Brinkmanns, Alexander Kluges und W.G. Sebald.* Transcript, Bielefeld 2007.

170Ebd., S.250.

171Katharina Kasinger: *‚Ein einziges Familienfoto ersetzt viele Seiten Text.‘ Zur Verwendung von Bildern bei W.G. Sebald.* Diplomarbeit an der Universität Wien 2009.

172Alexandra Tischel: *Aus der Dunkelkammer der Geschichte.* Siehe Fußnote 12.

173Carolin Duttlinger: *Traumatic Photographs.* Siehe Fußnote 120.

174Sonja Dickow: *Fotografie, Trauma und Erinnerung in W.G. Sebalds* Austerlitz. Bachelorarbeit an der Universität Hamburg 2010.

175Stefanie Harris: *The Return of the Dead. Memory and Photography in W.G. Sebald's* Die Ausgewanderten. In: *The German Quarterly, Sites of Memory* (74/2001), S. 379-391.

176Torsten Hoffmann/Uwe Rose: *„Quasi jenseits der Zeit“. Zur Poetik der Fotografie bei W.G. Sebald.* In: *Zeitschrift für Deutsche Philologie* (ZfDPh) 125 (4/2006), S.580-608.

Um die typografischen Fotografien in Sebalds Werken näher zu beschreiben, werden zunächst ihre grundsätzlichen Eigenschaften herausgearbeitet.

4.3.1 Formelle Aspekte zu Sebalds Bildern

In Sebalds Texten finden sich ausschließlich Reproduktionen von Schwarzweiß-Fotografien, die unterschiedlichsten Formats sind und deren Dominanz auf der Buchseite entsprechend stark variiert. Die kleinste Abbildung findet sich in *Schwindel. Gefühle.* und füllt gerade mal eine Zeile (es handelt sich um eine typografische Abbildung der Worte „ORGANIZZAZIONE LUDWIG“[177] in Runenschrift), die größten nehmen eine Doppelseite ein[178]. In vielen Fällen überlappen die Fotos in Sebalds Büchern die Seitenränder, die der Text vorgibt und nutzen die gesamte Seitenbreite (die Seitenhöhe wird nur bei doppelseitigen Abbildungen in *Austerlitz* durchbrochen). Manche Formate sind eindeutig auf eine Veränderung durch den Autor zurückzuführen[179], andere Fotos scheinen originalgetreu abgebildet zu sein. Ein Hinweis auf die tatsächliche Größe der Aufnahmen, oder ob es sich im Original um Farbaufnahmen handelt, fehlt fast immer.

Auf den Fotos sind vergleichsweise selten Personen zu sehen, häufig sind menschenleere Gebäude- und Landschaftsaufnahmen zu finden. Sebald fügt in seine Texte typografische Kopien der verschiedensten schriftlichen Druckerzeugnisse (wie die schon erwähnten Zeitungsausschnitte, Visitenkarten, Rechnungen) sowie Handgeschriebenes (in Tagebüchern, Kalendern und Skizzen) ein. Beide können sowohl in Kombination (etwa eine mit einer Widmung versehene gedruckte Seite[180]) als auch allein stehen.[181]

In Sebalds erstem Prosaband *Schwindel. Gefühle.* finden sich die facettenreichsten Abbildungen. Alle sind zwar auch hier fotografischen Ursprungs[182], ihre Motive jedoch unterschiedlichster Art: Fahrkarten, Zeitungsausschnitte, Rechnungen, Postkarten sowie eine Plastik, ein Gemälde, ein Pass, ein anderes

---

177SG 93.

178Etwa jene von den beiden Billardkugeln (A154f.). Die verschlossenen Tore und Türen in Terezín (A 272ff.) nehmen als einzige Abbildungen mehr als zwei, nämlich dreieinhalb Seiten in Anspruch, wobei die beiden vorangehenden Zeilen Text zwischen zwei Fotografien montiert sind und so tatsächlich den Eindruck eines verstummenden Erzählens hinterlassen.

179Der gewählte Ausschnitt ist in vielen Fällen erkennbar ein kleinerer als der der ursprünglichen Fotografie, darauf weisen etwa die ovalen Fotografien (SG 166, 169, 178) in *Dr. K's Badereise nach Riva* hin.

180SG 159.

181Zwar war die Verschriftlichung im fiktiven Text für Kapitel 1 von Bedeutung, um die Fiktionalität der Sebaldschen Erzählerfigur zu umreißen, die Betrachtung eines Fotos von Schrift wäre jedoch nur dann für diese Arbeit von größerem Interesse gewesen, wenn im Text behauptet würde, es handele sich um Scheibarbeiten des Erzählers. Ein solches Foto sucht man in Sebalds Werk allerdings vergeblich, wenn auch ein Vergleich der Handschriften die Vermutung nahe legt, dass Sebald selbst das Tagebuch seines Großonkels ausgefüllt hat (DA 194f.) – seine Unterschrift und einige handschriftliche Einträge in einem Kalender (SG 72) finden sich schließlich doch in *Schwindel. Gefühle.*

182Damit ist gemeint, dass auch die Abbildung beispielsweise eines Gemäldes nur durch eine vorherige fotografische Reproduktion Eingang in den Text finden kann.

beglaubigtes Dokument und zahlreiche Fotografien (auch von historischen Personen), die als solche zu erkennen sind[183].

Die Ausgewanderten sind hingegen das Werk Sebalds, in dem klar am meisten Porträts abgebildet sind: Zwischen einer und circa 62 Personen sind auf einer Fotografie zu erkennen.[184]

In *Austerlitz* werden zwar stärker Close-Ups und extreme Weitwinkel verwendet als noch in den anderen Werken (die Billardkugeln[185] und die Aufnahme des Hubble-Teleskops[186] sind hier die gegensätzlichsten unter ihnen), es kann aber keine Tendenz zur nahen Einstellung ausgemacht werden, da die Heterogenität der Motive in dem am reichsten bebilderten Werk Sebalds zu groß ist. Sonja Dickow bemerkt zudem, dass zahlreiche Fotografien in *Austerlitz* durch die Ähnlichkeit ihrer Komposition Analogien schon innerhalb des Werkes stiften[187].

Um jene typografischen Fotografien, die als solche zu erkennen sind, soll es in dieser Studie gehen. Nur sie können in ihren Eigenschaften der *Fotografie* als Medium zugerechnet werden, von der im Folgenden theoretische Ansätze auf die Text-Bild-Kombination in Sebalds Werk übertragen werden.

Antje Tennstedt erkennt in zahlreichen der Fotografien in *Austerlitz*, dass „das Fragmentarische, das dem Foto an sich innewohnt, [...] durch die extreme Ausschnitthaftigkeit einiger Motive noch verstärkt“[188] wird. Demgegenüber stehen besonders in *Die Ausgewanderten* zahlreiche Totalen von Gebäuden und Landschaften, die die Leere der Welt zu dokumentieren scheinen.[189] Diese beiden Pole des Ausschnitts stellen insofern typische Motive bei Sebald dar, als durch die extreme Darstellung die Möglichkeit eines genauen, objektiven Blicks auf den Gegenstand nicht mehr besteht.[190]

Zudem stellt Steinaecker fest, dass viele Fotos „in ihrer leichten Unschärfe und ihrer oftmals wie beiläufigen Motivik als Amateuraufnahmen, zuweilen auch als Schnappschüsse zu klassifizieren“[191]

183Dort, wo Sebald in *Schwindel. Gefühle.* Fotografien einbettet, stellt er häufiger einen tautologischen Bezug zum Referenten her. Beispielsweise ist in dem die Donaufotografien umgebenden Text die Rede von der urwüchsigen Biegung und der zwischen den Besichtigungen durch den Erzähler und seiner Niederschrift erfolgten Begradigung. Beides ist den Fotos, die so eine „Vorher/Nachher“-Gegenüberstellung darstellen, auch zu entnehmen (SG 50f.).

184Das Foto einer Menschenansammlung vor der Würzburger Residenz (DA 275) zeigt zwar deutlich mehr Personen, diese sind jedoch aufgrund der überaus schlechten Qualität des Zeitungsfotos und des gewählten Ausschnittes lediglich zu erahnen und ihre Gesichter selbst im Vordergrund nicht mehr zu erkennen.

185A 154f.

186A 167.

187 Sonja Dickow, *Latente Bilder,* S.6f.

188Antje Tennstedt, *Annäherungen an die Vergangenheit,* S.117. Auch in den anderen beiden betrachteten Werken *Schwindel. Gefühle.* und *Die Ausgewanderten*:finden sich offensichtlich ausgeschnittene Fotos bzw. absichtlich klein gewählte Fokussierungen (Beispiele: die Ausschnitte aus den Fresken in SG 91 und 100 sowie das Auge Max Aurachs, DA 265).

189Beispielsweise zeigt eine Luftaufnahme die tatsächlich leeren Straßenzüge des „vormaligen Judenviertels“ in Manchester (DA 232).

190Die Fokussierungen korrespondieren mit dem von Sebald kritisch betrachteten Ansatz der Geschichtsstunde, in der Zahlen und Fakten des Holocaust in ihren totalen Dimensionen vermittelt werden sollen, und der (fotografischen) Begegnung mit den Bergen von Leichen und Gaskammern, die nichts außer lähmendem Schrecken angesichts maßlosen menschlichen Leids auslösen kann.

191Thomas von Steinaecker; *Literarische Foto-Texte,* S.248.

sind.[192] Selbst offensichtlich beschädigte Fotografien nimmt Sebald in seine Bücher auf[193]. Einen hohen Anspruch an das Medium als solches hat W.G. Sebald in einem Interview konsequenterweise abgewiesen:

> „[…] ich [benütze] den Photoapparat als eine Art von Kurzschrift oder „aide mémoire" […] Ich verbinde damit überhaupt keine künstlerischen Ambitionen. Meine Kamera ist deshalb auch meistens etwas sehr Billiges. Aber ich habe es mir angewöhnt, sie immer in der Tasche zu haben. Es ist mir auch gleich, was da für ein Film hineinkommt. […] Ich will ja nicht Bilder von hoher photographischer Qualität in die Texte einbauen, sondern es sind einfach Dokumente von Fundstücken, etwas Sekundäres. Es ist eigentlich ganz schön, wenn dieses Undeutliche irgendwie in die Bilder eingeht."[194]

4.3.2 Der Autor und die Fotos

Sebalds oben zitierte Aussage suggeriert, dass er alle eingefügten Fotografien selbst aufgenommen hat, doch dies ist nachgewiesenermaßen nicht der Fall. Für die Reproduktionen von Kunstwerken[195] und einige andere Fotografien gilt dieses Understatement nämlich nicht; sie sind ganz im Gegenteil von relativ guter Qualität. So stellt Steinaecker fest:

> „Seit *Schwindel. Gefühle.* zeichnet Sebald selbst für seine Fotos verantwortlich, d.h.: Entweder hat er sie selber geschossen, oder er hat sie aufgefunden und bearbeitet; der Fotograf bleibt in diesem Fall ungenannt."[196]

Damit bilden sie scheinbar als Werke aus erster Hand einen berechtigten Teil der Bücher, deren Autor W.G. Sebald ist. Da eine Fotografie als Abbildung mit spezieller Verbindung zur Wirklichkeit'[197] den Charakter eines beigefügten Dokumentes anzunehmen scheint, stellt sich die Frage, inwieweit eine typografische Reproduktion eines fotografischen Abzugs[198] auch Aussagen in einem fiktiven Text und aus einer fiktiven Welt belegen kann.[199]

Für die Verzeichnung der Fotos wird konsequenterweise der *Autor*, der sie eingebunden hat und allein weiß, woher sie stammen, in die Verantwortung genommen.[200] Es gibt aber keinen Abbildungsnachweis in Sebalds Prosabänden, keine Anfechtung des Persönlichkeitsrechtes der Abgebildeten, keine

192Zur Thematik von Schwindel und Unschärfe in Sebalds Werk *Schwindel. Gefühle.* gibt Doren Wohlleben, allerdings in poetologische Hinsicht, in *Schwindel der Wahrheit* eine gute Übersicht.

193Deutlich sind auf der Fotografie vom Vater Max Aurachs auf einem letzten Skiausflug (DA 278) schwarze Risse in der Oberfläche zu erkennen.

194Christian Scholz/W.G. Sebald: *„Aber das Geschriebene ist ja kein wahres Dokument"*, S.51.

195Als Beispiele seien das Werk Frank Auerbachs, *Head of Catherine Lampert VI* (DA 240) und die Skulptur einer linken Hand (SG 26) genannt.

196Thomas von Steinaecker: *Literarische Foto-Texte.* S.248.

197„Das Foto ist ein schmaler Ausschnitt von Raum ebenso wie von Zeit." (S.28) und: „Eine Fotografie aber ist nicht nur „wie" ihr Gegenstand, […] sie ist Teil, ist Erweiterung dieses Gegenstands […]" Susan Sontag: *Über Fotografie,* S.148.

198Der Einfachheit halber wird in dieser Arbeit im Folgenden der Terminus „Foto" bzw. „Fotografien" benutzt, wenn die typografische Reproduktion eines fotografischen Abzugs gemeint ist. Mit dem Terminus „Fotografie" wird das Medium benannt.

199Sebald selbst nimmt ein Foto ohne Kontext als mit einer Leerstelle behaftet wahr: „Immer ist mir [beim Betrachten aufgefundener Fotografien, JK] aufgefallen, dass von diesen Bildern ein ungeheurer Appell ausgeht; eine Forderung an den Beschauer, zu erzählen oder sich vorzustellen, was man, von diesen Bildern ausgehend, erzählen könnte." Christian Scholz/W.G. Sebald: *„Aber Das Geschriebene ist ja kein wahres Dokument."*, S.51f.

200Während die Erklärung, wo und wie ein Text geschrieben ist, den Deutungshorizont eines Textes häufig nicht wesentlich verändert (es mag schlagende Ausnahmen geben), ist diese außerhalb des Kunstwerks festzustellende Zugabe für die Einordnung einer Fotografie essentiell, da der zu deutende Inhalt des Mediums mit der Umgebung seiner Entstehung deckungsgleich ist.

Signaturdatei und kein eingeblendetes Datum wie bei digitalen Fotos[201]. Sebald behandelt alle Fotografien (auch die selbst geschossenen) wie Fundstücke – in seinen Werken sind sie ihres ursprünglichen Kontextes beraubt. Die Fotografie im Text entfernt sich so vom Echten des fotografischen Augenblicks:

> „[Der] Lösungsprozess vom „Original" [wird durch] die Einbettung des Bildes in einen narrativen Zusammenhang verstärkt." [202]

Der fahrlässige Umgang des Autors mit den Informationen rund um die Fotografien ist ein Teil seiner Fiktionalisierungsstrategie, denn er entzieht sich durch die völlige Entsagung des vom Kanon des Umgangs mit Bildern geforderten Bildnachweises einer Verantwortung gegenüber dem Rezipienten, aber auch gegenüber dem Abgebildeten, dem Referenten nach Barthes.

Wenn also auf der Ebene des Textes ein Identifikationsbekenntnis, ein „autobiografischer Pakt"[203] des Erzählers mit dem Leser fehlt, so kann auf der Ebene der eingebetteten Fotografien ebenfalls von einer solchen Leerstelle gesprochen werden. Dieses Fehlen von „Extra-Text" für das Foto vermittelt allerdings auch den Eindruck einer Gleichberechtigung des anderen Mediums neben dem Text, denn schließlich hat Sebald seine impliziten und expliziten Zitate der Schriftsteller ebenso wenig gekennzeichnet oder in ein Quellenverzeichnis eingetragen.

4.3.3 Der Erzähler und die Fotos

So sind wir bezüglich der Verortung der Fotografie auf den *Erzähler,* das „exemplarische fiktionale Konstrukt"[204] angewiesen. Dieser übernimmt als sprechende Figur die Foto-Text-Verbindung[205], kann die Fotos jedoch nicht an den Leser richten wie sein Wort, er kann sie nicht „auf seine Art" erzählen, sondern muss sie grundsätzlich zeigen, wie sie sind. Auch wenn das Weglassen von Informationen bei den sichtbar ausgeschnittenen Fotos auffällt, hat er doch den sichtbaren Rest des Fotos nicht „konstruiert" wie seinen Text.

Zahlreiche Fotos sind in Sebalds Text kaum oder gar nicht eingebunden im Sinne eines textinternen Hinweises.[206] In einigen Fällen gibt der Erzähler tatsächlich Auskunft über die eingerückte Fotografie und verweist auf Figuren, die ihm diese Fotos überantwortet, gesendet haben.[207] In manchen Fällen wird auch nur erwähnt, dass die Figur die Aufnahme gemacht habe.

201Eine Ausnahme ist das Filmstill aus dem NS-Propagandafilm *„Der Führer schenkt den Juden eine Stadt"* in *Austerlitz* (A 354), wobei hier nur das Datum der Übertragung des Zelluloidfilms auf das Videoband angegeben ist, das mit dem Film selbst nicht in Verbindung zu bringen ist und für den Betrachter keinerlei Aussagewert besitzt.

202Katharina Kasinger: *Ein einziges Familienfoto ersetzt viele Seiten Text*, S.22.

203Philippe Lejeune: *Der autobiografische Pakt*, Suhrkamp, Frankfurt am Main 1991.

204Susan Sontag nennt den Erzähler in *Schwindel. Gefühle.* eine „exemplary fictional construction" (*A mind in mourning*, S.3).

205Wie unterschiedlich stark der Ich-Erzähler dabei auf das Foto eingeht, hat Susanne Schedel in einem „Katalog der Erscheinungsformen der Text-Bild-Beziehungen in den Sebald-Texten" herausgearbeitet. „Wer weiß, wie es vor Zeiten wirklich gewesen ist?", S.66ff.

206Ebd.

207Austerlitz überreicht dem Erzähler den Schlüssel zu seiner Londoner Wohnung und erwähnt explizit „die schwarzweißen Bilder […], die als einziges übrig bleiben würden von seinem Leben" (A 410).

„Der Erzähler unterstellt den Fotos, sie seien Dokumente; er beansprucht Glaubwürdigkeit, Autorität: ein Rollenspiel des Erzählers mit dem Leser.“[208]

Doch wenn der Erzähler hin und wieder angibt, wer oder was auf der ihm vorliegenden Fotografie zu sehen ist[209], können diese Informationen nicht als vollwertige Bildbeschriftung verwendet werden, sie sind für die echte Einordnung des Fotos unbrauchbar. Jedes auf eine eingebettete Fotografie zu beziehende Wort des Erzählers ist zuerst ein unentbehrlicher Teil des fiktiven Textflusses. Das Konkrete im Foto kann dem fiktionalen Text keine Erklärung geben, ihn nicht illustrieren, weil es selbst Teil des fiktionalen Textes geworden ist und seine distanzlose Betrachtung durch den Ich-Erzähler evoziert wird.

4.3.4 Zur Verbindung von Foto und Text bei W.G. Sebald

Typisch für Form der Zusammenstellung von Foto und Text ist die extreme Nähe der beiden Medien. Fotos unterbrechen den Fließtext und können ihn je nach Größe stark zurückdrängen oder vom Text nahezu überschrieben werden, zudem bestehen große Unterschiede in den Proportionen. In *Schwindel. Gefühle.* und *Die Ausgewanderten* etwa „[besteht] die letzte Zeile vor oder die erste Zeile nach einem eingefügten Bild nur aus wenigen Wörtern, die [...] zentriert gesetzt sind [...]“[210]. So scheint ein sich selbst reduzierender Text auf das Foto als Schweigemoment im Text hinzuführen. Meistens aber ist der Text schlicht durch das Foto unterbrochen, selten verweist ein durch das Foto unterbrochenes Wort auf einen Sinn hinter dieser Form[211]. Es gibt zwei Ausnahmen, in denen Sebald den Fließtext wie im Zeitungslayout *neben* das Foto setzt: Die Fußnote[212] und die Fahrkarte[213], erstere wird auch wegen ihrer besonderen Textmarkierung in einer Einzelbetrachtung in Kapitel III untersucht. Um auf die genauen Beziehungen zwischen Foto und Text näher einzugehen, wird an dieser Stelle ein Kapitel eingerückt, das den besonderen Bezug des Mediums Fotografie zur Realitätsschreibung beschreibt.

208Markus R. Weber: *Die fantastische befragt die pedantische Genauigkeit.* S.66.

209Auch bei einer solchen Angabe ist es prinzipiell für das Verständnis der Prosa unerheblich, ob das Foto dann abgebildet wird oder nicht. Austerlitz' Fotografie von den verdunkelten Spiegeln im Wartesaal des Antwerpener Hauptbahnhofs (A 15) findet keinen Eingang in den Text. Und da, wo der Erzähler angeblich selbst auf den Auslöser gedrückt hat, findet sich naturgemäß kein Hinweis auf der Fotografie, dass er dies auch getan hat.

210Torsten Hoffmann/Uwe Rose: *„Quasi jenseits der Zeit“,* S.585.

211Dass die Fotografie von Austerlitz' Mutter, die der Protagonist im Staatsarchiv findet, ausgerechnet das Wort „Auster-(Abb.) litz“ trennt, ist nicht als Zufall zu deuten. Die Einbettung der vermissten Mutter in den ihm lange fremden Namen stellt nun auch noch bildschriftlich seine lebenslange Zerrissenheit dar (A 357). Solche günstigen Gelegenheiten des spielerischen Umgangs mit Schrift und dem sie unterbrechenden Foto finden sich aber höchst selten in Sebalds Werken.

212A 19. Zu diesem Foto vgl. Kapitel 3.

213SG 101.

4.3.5 Rezeption der Ikonotexte

Die Fotografien spielen in der Wahrnehmung der Texte eine entscheidende Rolle. Ohne sie ist der Text nicht lesbar, sie stoßen dem Leser genauso zu, wie sie dem Autor nach eigener Aussage selbst „zugestoßen" sind[214]. Den Lesevorgang bildlicher Zeichen umschreibt Antje Tennstedt:

> „Obwohl in Bildern alle dargestellten Dinge zunächst gleichzeitig vorhanden sind, können sie nur dann bedeutungsmäßig aufgeladen werden, wenn eine Abfolge von Teilbetrachtungen (dem Lesen von Sprachzeichen ähnliches, sukzessives Aneignen) stattfindet. Das Lesen muß jedoch nicht von links nach rechts und von oben nach unten erfolgen, auch fehlt dem Lesen von Bildern die semantische und syntaktische, kurz: die propositionale Differenziertheit."[215]

Aus der Unmöglichkeit, Bilder wie Texte linear wahrzunehmen, ergibt sich somit eine neue Dimension der Textlektüre, da der Leser sich der Unmittelbarkeit des Mediums, das ihm unverhofft beim Umblättern entgegen springt, nicht entziehen kann:

> „[...] der Text betont immer nur einen Teil des Bildinhaltes und läuft in der ihm eigenen Sukzessivität über das Bild hinaus, während sich das Bild in der Simultaneität überhaupt erst entfaltet."[216]

Das Foto, das ohne Code zum Betrachter spricht, steht dem Text gegenüber, den es in einem linearen Lesevorgang wahrzunehmen gilt. Während der Text, dieses sich aus dem sprachlichen Bedeutungsträger zusammensetzende komplexe Gefüge Hintergründiges, auch nicht Abzubildendes erzählen kann, verweist das Foto in Einzelbetrachtungen immer nur auf sich selbst als Medium. Diese Ausschnitthaftigkeit kann nur durch den Text überwunden werden, der die Fotografien zu Sinneinheiten macht.

Der den Fotos beigegebene Text kann zwar aufgrund seiner Fiktionalität nichts zur Beschreibung ihres Referenten beitragen, der Rezeptionsvorgang ist aber in dieser Vermutung des Lesers begründet. Dieser muss die erhoffte Dokumentfunktion überwinden, um die Fotos richtig zu lesen:

> „Bei Sebald emanzipieren sich Fotos [...] immer wieder von ihrer Illustrations- und Beglaubigungsfunktion und gehen untereinander und mit dem Text Vernetzungen ein, welche dem Leser zusätzliche Sinnhorizonte eröffnen."[217]

Im extremsten Fall kann diese Emanzipation das Gegenteil von Beglaubigung, nämlich Irreführung bedeuten, wie es bei der nachgewiesenermaßen falsch beschrifteten[218] Fotografie in *Schwindel. Gefühle.*

214„Wenn man auf dem Weg ist, fällt einem das Material zu, dann spielt einem der Zufall das in die Hände." W.G. Sebald/Renate Just: *Im Zeichen des Saturn. Ein Besuch bei W.G. Sebald.* In: Franz Loquai (Hg.): *W.G. Sebald.* Isele, Eggingen 1997, S. 37-42.

215Antje Tennstedt: *Annäherungen an die Vergangenheit*, S.39.

216Alexandra Tischel, *Aus der Dunkelkammer der Geschichte,* S.42.

217Torsten Hoffmann/Uwe Rose: *„Quasi jenseits der Zeit"*, S.593f. Die Verknüpfungen untereinander sieht auch Sonja Dickow, wenn sie für die Fotos in *Austerlitz* feststellt: „Erfolgt die Anordnung der Reproduktionen auf den ersten Blick willkürlich, so wird bei genauerer Betrachtung ein Prinzip der Spiegelung, Analogie- und Komplementärbildung deutlich [...]" (Sonja Dickow: *Latente Bilder*, S.6.) Solche Überschneidungen zwischen den Fotos sind zwar eindeutig auch zwischen den besprochenen Prosawerken auszumachen, da der Fokus dieser Arbeit jedoch auf der Analyse einzelner Bilder und ihrer Einbindung in die fiktive Welt des Textes liegt, können sie hier nicht weiter berücksichtigt werden.

218Sebald selbst sagt zum Dokumentencharakter seiner fotografischen Abbildungen: „Nur hin und wieder hat ein Bild die gegenteilige Funktion – nämlich den Leser zu verunsichern, was die Authentizität des Textes betrifft." (W.G. Sebald/Sigrid Löffler: *Kopfreisen in die Ferne.* In: Franz Loquai (Hg.): *Far from home: W.G. Sebald.* (=Fußnoten zur Literatur, Band 31. Hg. von Wulf Segebrecht.) Bamberg 1995, S.17-21, hier S.20.) Marcel Atze wies beispielsweise nach, dass es der Fall ist. Dieser „ironische Umgang mit der Beweiskraft von Fotografien“[219] bricht mit Zuschreibungen und Kategorisierungen und regt an, Umgangsmuster mit wie auch immer gearteten „Dokumenten“ zu überdenken.

> „Das Foto an sich dokumentiert immer eine Präsenz [...] - aber seine Anwendung entscheidet, ob es auch als Dokument verwendet wird. Die Abbildungen stehen in wenigstens teilweise fiktionalen Zusammenhängen. Sie sollen nicht historische Fakten, sondern die literarische Darstellung beglaubigen.“[220]

Um den Sinnzusammenhang des Gesamtwerks nicht aus den Augen zu verlieren, muss der Leser die Fotografien in die erlesene, fiktive Welt integrieren. Die zuerst wahrgenommene Ebene ist die der fotografischen Evidenz:

> „Die in den Text eingebetteten Bilder haben ihre eigene Evidenz, das Auge kann sich ihnen nicht entziehen, der Fluss der Lektüre wird unterbrochen durch die Bilder und die dadurch entstehende (Bedeutungs-)Ebene.“[221]

Doch „der dezente Charakter der Motive „[...] bedarf eines interpretierenden Blicks“[222], da es sich häufig um „Bilder der Nicht-Evidenz handelt“[223]. Daraus resultiert ein Gefühl des Angesprochenseins – der Leser meint oft, selbst gefragt zu sein, ob wahr ist, was ihm erzählt wird und ob die Fotografie tatsächlich das zeigt, was ihm der Text suggeriert. Zu dieser Unsicherheit bei der Lektüre trägt auch die Unschärfe auf vielen Fotos von Sebald bei, denn „die Imagination des Rezipienten spielt bei der Betrachtung eines unscharfen Bildes eine wesentliche Rolle“[224]:

> „Dort wo die Unschärfe nicht nur Teile des Bildes sondern das gesamte Foto betrifft, geht es vor allem um die Übertragung eines Gefühls bzw. Eindrucks.“[225]

Meist geht es Sebald also gar nicht um das konkret Abgebildete, sondern um die Einflechtung von Leserassoziationen zum Motiv in den Textzusammenhang. Die Fotos geben lediglich Kontexte vor, denen Verweiszusammenhänge entnommen werden müssen. Sebald schält aus den Abgebildeten Dingen und Personen, aus den Eindrücken, die sich durch die Unmittelbarkeit des Rezeptionsvorgangs von Fotos im Gedächtnis des Lesers unverarbeitet bilden, neue Bedeutungseinheiten.[226]

Zusätzlich „verlangsamt und unterbricht der Einsatz der Reproduktionen den Lesefluss [...]“[227]. Dadurch, dass der Leser in einem Foto-Text auf Fotos zu stoßen hofft, wird gleichsam eine

---

sich bei der vermeintlichen Abbildung Ernst Herbecks in *Schwindel. Gefühle.* (S.48) um den Ausschnitt eines Porträts von Robert Walser handelt. (Marcel Atze: *Koinzidenz und Intertextualität.* In: Franz Loquai (Hg.): *W.G. Sebald.* Isele Eggingen 1997 (=Portrait 7), S.161.)

219Torsten Hoffmann/Uwe Rose, *„Quasi jenseits der Zeit“*, S.591.

220Markus R. Weber: *Die fantastische befragt die pedantische Genauigkeit. Zu den Abbildungen in W.G. Sebalds Werken.* In: Heinz Ludwig Arnold (Hg.): *W.G. Sebald.* Text+Kritik 158 (2003), S.63-74, hier S.66.

221Katharina Kasinger: *„Ein einziges Familienfoto ersetzt viele Seiten Text.“*, S.7.

222Alexandra Tischel, *Aus der Dunkelkammer der Geschichte,* S.42.

223Ebd.

224Katharina Kasinger: *„Ein einziges Familienfoto ersetzt viele Seiten Text“*, S. 18.

225Ebd., S.21.

226An der Fotografie *Bühnenbild mit zwei Schauspielern* (A 265) lässt sich dieses Bilden von Verweiszusammenhängen anschaulich nachvollziehen. Die Übergänge zwischen versprachlichter Bildbetrachtung (also Ekphrasis) und Fiktion (also Hinzufügen und Dichten) sind fließend. Zur Analyse dieser Fotografie siehe Kapitel III, 3.

227Sonja Dickow: *Latente Bilder*, S.2.

Erwartungshaltung provoziert. Eine unbebilderte Passage wird so zu etwas Außergewöhnlichem, der Text erhält durch die Leerstelle eine negative Markierung.

Da der Leser die Fotos im Foto-Text nie als vereinzelte Bilder wahrnehmen kann, erfolgt eine wechselseitige Bereicherung; das jeweils andere Medium erhält eine zusätzliche Information. Hoffmann und Rose beschreiben dieses Phänomen der Rezeption des Foto-Textes anhand der Fotografie zu Beginn der Erzählung *Paul Bereyter*, die ein Gleisbett in der Froschperspektive zeigt:[228]

> „Der Betrachter ist kein distanzierter Beobachter des im Text beschriebenen Vorgangs, sondern wird durch die Fotografie in die Lage Bereyters hineinversetzt. Damit liefert das Foto eine andere Sichtweise als der Text – der zwar auch ein einfühlsames Porträt des Lehrers liefert, durch den zwischengeschalteten Ich-Erzähler aber immer eine gewisse Distanz hält. Das Foto [rückt] das Geschehen aus einer von [der Erzählung] abweichenden Perspektive in den Blick [...]“[229]

Dabei wird durch das neue Leseverhalten den Blick auf den eigenen Umgang mit Fotografie und fiktionalen Texten gelenkt und Wahrnehmungsmuster aufgebrochen.

228DA 41.

229Torsten Hoffmann/Uwe Rose: *„Quasi jenseits der Zeit“*, S.584f.

4.4 Funktionen von Foto-Text-Relationen

Die Funktion der Fotos in Sebalds Prosa ist für die Aussage seines Gesamtwerks von entscheidender Bedeutung. Durch die Interferenz von Fotografie und Literatur, das Zusammenspiel des „Mediums der Wirklichkeit" mit der erfundenen Geschichte stellen die Fotos im Text den Anspruch, dass das Geschriebene wahrhaftig ist. Jeder Foto-Text evoziert diese Betrachtungsweise. In einem fiktiven Text scheinen abgedruckte (typografische) Fotografien daher zuerst die Rolle einer Illustration einzunehmen, die sich mit der Fiktionalität auf einer sehr oberflächlichen Ebene auch verträgt. So ist die „illustrative Funktion" in vielen Sekundärwerken, die sich mit den Abbildungen bei Sebald befassen auch stets die erste, die genannt wird.[230] Wenn die Fotos auf den ersten Blick wie Illustrationen wirken, bestätigt dies die Tendenz, der Erzählung einen Authentizitätscharakter zuzusprechen, das Bild-Text-Ensemble bekommt aber auch eine der Fiktionalität abgewandte, ernüchternde Seite. Die in Kapitel III besprochenen Fotos „nur" in diesem illustrativen Sinne zu lesen ist bei vielen Fotos schier unmöglich, weil eine offensichtliche Verbindung zwischen Foto und literarischem Text nicht angegeben wird.[231]

Da die literaturwissenschaftliche Untersuchung in dieser Studie auf die Text-Bild-Verknüpfung zielt, sind die direkten Vernetzungen mit dem Text die relevanten Textpassagen für diese Studie. Die „fotografische Ambivalenz"[232] entsteht zwischen der fiktionalen Erzählung und der fotografischen Evidenz, die, wie oben herausgestellt, jeder Fotografie zu eigen ist.

Die Betrachtung der Verbindung von Text und Bild bei Sebald erweist sich in der Forschung als schwierig, was vor allem an der Heterogenität der Verbindungen liegt. Die einzelnen Bild-Text-Kombinationen liegen in so vielfältigen Erscheinungsformen vor, dass jeder wissenschaftliche Text zu diesem Problem der Gliederung der *Bildfunktionen* entweder das Fehlen bemängelt oder eine eigene Theorie zur Anwendung bringt[233]. Eine solche Typisierung nehmen Hoffmann und Rose in ihrem Aufsatz *„Quasi jenseits der Zeit"*[234] vor. Sie unterscheiden in fünf Kategorien von Bild-Text-Beziehungen unabhängig vom Motiv, daher ist diese Aufteilung einträglicher für den Ansatz dieser Studie:

> „Den bei Sebald verwendeten Fotos kommen vor allem fünf Funktionen zu: Die Bilder dienen (1) als Textersatz, (2) der Illustration, (3) der Beglaubigung, (4) als Erzähl- und Handlungsimpuls und geben (5) Anlass zur Reflexion über das Medium Fotografie."[235]

230Vgl. beispielsweise Torsten Hoffmann/Uwe Rose: *„Quasi jenseits der Zeit."* S.594.

231So ist beispielsweise in *Austerlitz* an einer Stelle die Rede zwar von einem „Billardspiel", nicht aber von den zwei Kugeln auf der folgenden doppelseitigen Fotografie die Rede, die den Text unterbrechen und deren Billardtisch durch den fotografischen Ausschnitt quasi die Seiten selbst zu sein scheinen. Weder wird erwähnt, wer hier spielt, noch ob Austerlitz bei seinem Besuch die Kugeln so vorgefunden hat. A 153; 154f.

232Thomas von Steinaecker: *Foto-Texte*, S.250.

233Susanne Schedel nimmt in ihrer Betrachtung eine intermediale Analyse vor, die verschiedene Grade der Intermedialität am Text festmacht. Alex Seiler beruft sich auf Schedel, Thomas von Steinaecker legt ein dialogisches Verhältnis zwischen Text und Bild als Voraussetzung fest (S.13).

234Torsten Hoffmann/Uwe Rose: *„Quasi jenseits der Zeit"*.

235Torsten Hoffmann/Uwe Rose: *„Quasi jenseits der Zeit"*, S.582.

In dieser schlichten und daher stichhaltigen Einteilung haben sich die Funktionen der Beglaubigung und des Erzähl- und Handlungsimpulses als die interessantesten herausgestellt, und da sich die analytische Arbeit über drei Prosawerke erstreckt, die diese Art der Funktionen alle beinhalten, reduziert sich die Analyse auf diese beiden, für die fiktionale Verknüpfung fruchtbarsten Funktionen.[236]
Für diese Studie wurden einzelne Fotografien aus den drei Prosawerken ausgewählt, die in ihrer Beziehung zum Text einen über die Textstelle hinausgehenden Aussagewert für Sebalds Werk haben, das mithilfe der Fotografien stets dieselben Themenkomplexe von Erinnerungs- und Geschichtsbewusstsein und Naturzerstörung thematisiert.
In Sebalds erstem Prosaband *Schwindel. Gefühle.* dienen noch viele der Abbildungen der Verwirrungstaktik des Erzählers und als Belege für seinen Beziehungswahn, das heißt – die Annahme, dass das neu Wahrgenommene (auf dem Foto) in einer obskuren Verbindung steht mit dem Erzähler, der solche Koinzidenzen durch die Abbildungen zu beweisen versucht.[237]

> „Bei genauerer Betrachtung der Erzählung stellt sich heraus, dass in den meisten Fällen der eigentliche Auslöser für die Reproduktion eines Bildes nicht nur die bloße Beglaubigung eines Zufalls ist, sondern präziser: das Aufzeigen von Koinzidenzen."[238]

Die Fotografien in *Die Ausgewanderten* stellen sehr viel häufiger Personen oder von den Personen beschriftete Gegenstände und Orte dar. Die Erinnerungsbilder aus den Lebensläufen anderer Menschen werden vom Erzähler so in den Dienst der Erinnerungsschreibung eines historischen Schicksals gestellt, ebenso wie die Fotografien in *Austerlitz*, wo sich der Erzähler gemeinsam mit dem Protagonisten nachträglich der Rekonstruktion seines Lebens widmet:

> „Die Abbildungen sind integrativer Bestandteil der persönlichen Rekonstruktionsbemühungen, in denen Wirklichkeit, Erinnerung und Imagination ineinander fließen."[239]

Die beiden Werke *Die Ausgewanderten* und *Austerlitz* lassen durch diese Verwendung des Erzählers eine neue Funktion der eingestreuten Fotos erkennen: Er nimmt sie zu Hilfe, um sich in der Textgegenwart das Leben der fiktionalen Protagonisten vorstellen zu können.
Der rückblickenden Betrachtung fremder Schicksale eignet das andere Medium als neue Dimension im Text besonders gut. Jede Fotografie erhält eine einzigartige Bedeutung als weiter existierendes Dokument der Toten: Das Medium ermöglicht dem Leser und dem Erzähler die persönliche Wiederkunft der absolut gewordenen Vergangenheit, es verweist auf die Sterblichkeit des Referenten, da der Leser das Foto nicht mehr ohne das Wissen um seinen Tod betrachten kann:

236Hierzu gehören insbesondere *nicht* der Textersatz (nur in SG), der reine Illustrationscharakter und die Reflexion über das Medium Fotografie, da dies eine über die Untersuchung von Fiktionalität hinaus gehende medientheoretische Analyse erfordern würde, die diese Studie nicht leisten kann. An dieser Stelle sei darauf verwiesen, dass sich im zweiten Teil desselben Aufsatzes von Torsten Hoffmann und Uwe Rose eine Untersuchung darüber findet, „welcher Status dem Medium Fotografie von Sebalds Erzählern zugeschrieben wird." (Torsten Hoffmann/Uwe Rose, *„Quasi jenseits der Zeit"*, S.582).

237„Die Handlung [...] [in] 'All'estero' ist auf der Mikro- wie auf der Makroebene von Zufällen bestimmt." Thomas von Steinaecker: *Literarische Foto-Texte,* S.250.

238Thomas von Steinaecker: *Literarische Foto-Texte,* S.252.

239Antje Tennstedt: *Annäherungen an die Vergangenheit,* S.134.

„Jede Fotografie ist eine Art *memento mori*. Fotografieren bedeutet teilnehmen an der Sterblichkeit, Verletzlichkeit und Wandelbarkeit anderer Menschen (oder Dinge). Eben dadurch, daß sie diesen einen Moment herausgreifen und erstarren lassen, bezeugen alle Fotografien das unerbittliche Verfließen der Zeit."[240]

Während das literarische Werk das Einzelschicksal des Porträtierten in die Quasi-Unsterblichkeit erhebt, scheint das Foto genau diesen Kunstgriff wieder zunichte zu machen. Wir betrachten nur ein Relikt, einen Überrest der körperlichen Hülle in seiner Zeit des Lebendigseins im Wissen um das Ende.

„In 'Die Ausgewanderten' (1993) verfolgt der Erzähler das Schicksal deutschjüdischer Emigranten, die ihr Überleben mit der Einäscherung ihrer Seele bezahlten, lebendiger Toter, die schon in der Grauzone unterwegs sind, die Sebald auf seinen Wanderungen durch Zeit und Raum so oft aufgesucht hat. Es ist jenes Schwellenreich, das ihm auch auf den Photographien erschien, die er seinen Büchern als Unterpfand einer vor Zeiten beglaubigten Wirklichkeit beigab [...]"[241]

In diesem Zusammenhang ist das Foto zu lesen, das den tatsächlich zum Zeitpunkt der Erzählung bereits Verschiedenen zeigt:

„Die Abbildungen in Die Ausgewanderten [...] konfrontieren den binnenfikionalen Bildbetrachter durch die mediale Anwesenheit der abgebildeten Personen mit ihrer unwiederbringlichen körperlichen Abwesenheit, markieren somit die Grenze zwischen Vergangenheit und Gegenwart."[242]

Wiederholung von Motiven – Fotografien stiften Verbindungen zwischen den Werken

Während der ersten Lektüre ist es nicht ersichtlich, doch wer Sebald ein zweites Mal liest oder ein anderes Werk des Autors zur Hand nimmt, erkennt, dass Motive sich sowohl im Text als auch auf den Fotos wiederholen. Einzelne Fotografien bilden allegorisch das ab, was die erzählten Lebensläufe miteinander verbindet.[243] Auf dieser Metaebene werden zwischen Fotos und Text Beziehungen geknüpft, die sich nicht auf ein eingebettetes Foto reduzieren, sondern das Gesamtwerk gestalten.[244]

„Bei Sebald sind Text- und Bildebene sehr genau aufeinander abgestimmt, die Fotografien tragen die Erzählung weiter, und sie wirken wiederum auf den Text und dessen Lesart zurück. So entsteht eine Reflexion, die wie in einem Spiegelkabinett Bild um Bild hin- und herwirft, kaleidoskopartig vervielfältigt. Gleichzeitig gibt es bei Sebald oftmals keinen direkten, zumindest keinen direkt erkennbaren Bezug, sondern nur einen, der auf assoziativer Ebene hergestellt werden kann."[245]

Für Sebalds eigene Fotos im fiktionalen Text bedeutet dies eine neue Aufgabe für das fotografische Bild, die es a priori[246] eigentlich nicht erfüllen kann: Es muss sich der Aufgabe des fiktionalen Textes unterordnen und ebenso das Eingedenken stimulieren.

240Susan Sontag: *Über Fotografie.* S.21.

241Andrea Köhler: *Verabredungen in der Vergangenheit. Zum Tod des Schriftstellers W.G. Sebald.* In: NZZ, 17.12.2001, S.23.

242Antje Tennstedt: *Annäherungen an die Vergangenheit,* S.138.

243Als Beispiel seien die beiden leeren Wohnzimmer in *Die Ausgewanderten* (DA148 und DA262) sowie die beiden ausladenden Bäume (DA268, DA7) genannt. Viele solcher „Spiegelungen, Analogie- und Komplementärbildungen" findet Sonja Dickow auch in *Austerlitz* (Dickow, *Latente Bilder,* S.6f.)

244In *Die Ausgewanderten* nimmt der Schriftsteller Vladimir Nabokov eine solche Rolle ein: Ist er in der ersten Erzählung *Henry Selwyn* auf einer Fotografie als Schmetterlingsjäger zu sehen, so taucht er in den folgenden als handelnde Figur oder als Autor eines erwähnten Buches wieder auf (vgl. DA 27, 64, 319). Im Text findet dieses Motiv in der Parallelisierung von Phrasen, Motiven und Anspielungen sowie zahlreichen intertextuellen Bezügen eine Entsprechung.

245Ulrich Rüdenauer: *Buchrezension zu Garth Risk Hallberg: Ein Naturführer der amerikanischen Familie.* In: Sendemanuskript zur Sendung *Passagen*, WDR 3, 20.09.2010. S.4.

246Siehe Abschnitt *Fotos als Vergangenheitsbilder*, Kapitel 2.

Die Fotos lassen durch ihre Eigenschaft, nur einen *unbeschrifteten* Ausschnitt aus der Welt zu zeigen, Raum für Interpretation. Sie bebildern in Sebalds Erzählungen somit nicht mehr die „echte Welt", der sie entrissen wurden, sondern neben dem fiktionalen Text insbesondere das *im Leser entstehende Bild der fiktiven Welt* des Textes. Ein Erinnerungsvorgang wird durch Koinzidenzen auch während der Lektüre gestiftet, da Sebald geschickt Verweise in die Erzählungen webt, so dass dem aufmerksamen Leser nicht selten eine Analogie zu Vorherigem auffällt und er in dem unstrukturierten Text mühsam nach der analogen Stelle bzw. der Fotografie suchen muss.

Der Fotografie in Sebalds Text wird das „absolut Vergangene" genommen – ebenso wie den Einzelschicksalen jener Menschen, deren Leben er porträtiert. Während der Text dem Leser durch die Auseinandersetzung mit dem Einzelschicksal die Möglichkeit gibt, sich an der Erinnerung an die nicht zu verarbeitende, weil nicht zu begreifende Shoah zu beteiligen, muss das Foto, das diesem Text hinzugefügt ist, seine Eigenschaft des Dokumentes ablegen und als Sinnbild aufgefasst werden. Es betont einerseits, dass vergangen ist, wovon er redet, andererseits fordert es eine Erinnerungsarbeit heraus, indem es dem Leser das Vergangene unmittelbarer präsent machen kann als der Text. Der Leser, der das Buch ein zweites Mal zur Hand nimmt, erinnert sich (im Idealfall) an die Verknüpfungen und begreift die Fotos also im Sinne latenter Verarbeitungs- und Erinnerungsbilder.

Die Fragwürdigkeit des geschriebenen Wortes[247] und die Glaubwürdigkeit des fotografierten Referenten[248] sind in einem weit gefächerten Diskurs in ihrer jeweils zugeordneten Wissenschaftstheorie erörtert worden. Durch Sebalds Verwendung von Text und Foto wird solch ritualisierten Zuschreibungen und Rezeptionsgewohnheiten ein Entwurf der Umkehrung entgegen gestellt. Fotos können in seinem Werk nur in ihrer Übertragenheit verstanden werden, in dem, was sie an Assoziationen auslösen, weil sie nur durch die Collage mit dem Text zusammenhängen, den der Leser rezipiert. Das geschriebene Wort des fiktionalen Textes aber transportiert als sukzessive Anhäufung von Sinnzusammenhängen die übergeordnete Textaussage.

Die Fotografie als das vermeintlich glaubwürdigere der beiden Medien wird dahingehend entlarvt, dass sie sich in den Dienst des Autors ebenso zu stellen vermag wie das geschriebene Wort, ja innerhalb der Fiktionalität des Ikonotextes noch eine Dimension hinzufügt, die die Imagination und die Neugier aufseiten des Lesers stimulieren kann. Betrachtet man die Fotos genauer und lässt ihre Einbindung in den Text auf einer abstrakten Ebene zu – verbindet man also die eigene Fähigkeit zur Imagination mit dem Gelesenen und Gesehenen – wird der Ikonotext zu einem transzendenten Medium, das den Leser integriert.

247Sebald selbst paraphrasiert den Lügenvorwurf an die Literatur mit den Worten „Es ist nötig, diese Dinge irgendwie festzuhalten. Das kann man natürlich schreibend tun, aber das Geschriebene ist ja kein wahres Dokument." Christian Scholz/W.G. Sebald: *„Aber das Geschriebene ist ja kein wahres Dokument"*, S.51.

248„Tatsächlich lässt sich eine Fotografie nie von ihrem Bezugsobjekt (*Referenten*; von dem, was sie darstellt) unterscheiden." Roland Barthes: *Die helle Kammer,* S.13.

"The relationship between text and image casts doubt on the referential ability of each sign system [...] Not only is the code of realism habitually brought to photographic images cast into doubt, the actual provenance of the image becomes dubious. The image's illustrative status seems arbitrary and the reader is often left unsure whether the image actually refers to what the text implies." [249]

Dass der Erzähler sich seiner Funktion als fiktiver Doppelgänger des Autors bewusst ist, bei dem die Fäden des Textes zusammenlaufen, wird nirgendwo deutlicher als an den Stellen, an denen der Erzähler auf Fotos selbst zu sehen ist und dies im Text mehr oder weniger deutlich markiert.[250]

4.5 Fotos vom Erzähler

Die anhand des Textes herausgearbeitete scheinbare Deckungsgleichheit des Erzählers mit dem Autor wird von letzterem auf die Spitze getrieben, wenn dieser Spiegelungseffekt sich in einigen Fotos zu bewahrheiten scheint. Jeweils eines dieser unterschiedlich deutlichen Fotos findet sich in *Die Ausgewanderten, Die Ringe des Saturn* und *Schwindel. Gefühle.* Sie zeigen nachweislich[251] den Autor W.G. Sebald. Der sie umgebende Text suggeriert zudem in unterschiedlicher Nähe zwischen Text und Foto, dass der Abgebildete der Erzähler sei.

„[D]ie Erzähler aller Prosatexte Sebalds [sind] mit autobiographischen Zügen ausgestattet. [...] der in „All'Estero" abgebildete Pass [beglaubigt] die Kongruenz von Erzähler und Autor. [...] Für den Rezipienten entsteht durch die Identitätssicherung [...] der Eindruck, es beim Erzähler mit dem Autor und damit insgesamt mit einem autobiographischen Bericht zu tun zu haben."

Dass die Gratwanderung zwischen Autor und (Erzähler-)Figur bei Sebald mit besonders vielen vermeintlich eindeutigen Hinweisen zur Identität gespickt ist[252], darf nicht davon ablenken, den Text als eigenständiges Kunstwerk zu betrachten, das unabhängig von seinem Autor gelesen werden sollte. Wenn Werke mancher Autoren (wie Shakespeare oder auch Aristoteles) bis zu Jahrhunderten und Jahrtausenden später noch für aktuell gehalten werden, kann dasselbe auch einem Foto-Text widerfahren, bei dem das eingebettete Dokument das Kunstwerk so unerschütterlich an seine Zeit zurückbindet? Ist die Rezeption einer Fotografie abhängig von der zeitlichen Distanz zum fotografierten Moment?

Susan Sontag bezeichnet die Fotografie als „ein Fragment, dessen Vertäuung mit der Realität sich im Laufe der Zeit löst."[253] Dieser relativ schnell eintretende Wandel in der Betrachtung alter Fotografien

249Richard Crownshaw: *The Limits of Transference. Theories of Memory and Photography in W.G. Sebald's Austerlitz.* In: Astrid Erll/Ann Rigney (Hgg.): *Mediation, remediation, and the dynamics of cultural memory.* De Gruyter Berlin/New York 2009, S.67-90, hier S.73.

250In Austerlitz ist es das Fotos eines Spiegelbildes des Protagonisten Austerlitz, eine Besonderheit des *mise en abyme*, auf das Antje Tennstedt ausführlicher hingewiesen hat: „Außen- und Innenraum, Gegenwart und Vergangenheit verschränken sich also optisch, wenn sie auch räumlich und zeitlich unweigerlich voneinander getrennt sind. Durch dieses Vexierspiel wird Austerlitz Teil der im Schaufenster ausgestellten, untergegangenen Welt." Antje Tennstedt, *Annäherungen an die Vergangenheit,* S. 126.

251zumindest in RS und SG

252Das deutlichste Beispiel ist die Fotografie des neu ausgestellten Reisepasses, auf dem neben Sebalds Unterschrift auch sein Passfoto zu sehen ist, - dieses ist allerdings mit einem schwarzen vertikalen Balken versehen, der das Gesicht mehr spaltet als verdeckt (SG 135).

253Susan Sontag: *Über Fotografie,* S.73.

bezieht sich auf den Gedanken, dass die Realität der abgebildeten Vergangenheit dem Betrachter nicht mehr nachvollziehbar ist – schon weil er selbst beispielsweise in dieser Zeit noch nicht am Leben gewesen ist. Das Gefühl, in die absolute Vergangenheit hineinzuschauen, scheint sich jedoch noch zu potenzieren, wenn der Leser Sebalds erfährt, dass auch der Autor sich nicht mehr unter den Lebenden befindet. Die absolute Vergangenheit des Toten ist durch sein Sterbedatum besiegelt und lässt uns die Erzählerfotografien mit einem melancholischeren Blick betrachten. Roland Barthes beschreibt die Fotografie eines jungen Mannes, der zum Tode verurteilt wurde: „Ich lese gleichzeitig: *das wird sein* und *das ist gewesen*: Mit Schrecken gewahre ich eine vollendete Zukunft, deren Einsatz der Tod ist.[254]

Die oben aufgeworfene Frage lässt sich also positiv beantworten; die Rezeption einer Fotografie W.G. Sebalds bekommt nach dem Tod des Autors einen noch melancholischeren Beigeschmack.

4.5.1 Erzählerfoto in *Die Ringe des Saturn*: Die absolute Vergangenheit

In *Die Ringe des Saturn*[255] findet sich die einzige Fotografie, auf der W.G. Sebald eindeutig zu identifizieren ist.[256] Der sie umgebende Text scheint die Grenze Erzähler/Autor ebenso spielend zu überwinden wie die Eindeutigkeit der Fotografie:

> Diese Aufnahme wurde vor zirka zehn Jahren in Ditchingham gemacht, an einem Samstagnachmittag, als das Herrenhaus zu Wohltätigkeitszwecken für das allgemeine Publikum geöffnet war. Die libanesische Zeder,

> an die ich, in Unkenntnis noch der unguten Dinge, die seither geschehen sind, gelehnt stehe, ist einer der bei der Anlage des Parks gepflanzten Bäume, von denen so viele sonst, wie gesagt, schon verschwunden sind.[257]

254 Roland Barthes: *Die helle Kammer*, S.106.

255RS 327.

256Das eingangs erwähnte Kriterium, aus dem dieses Werk nicht in die Untersuchungen dieser Arbeit aufgenommen wurde, erklärt womöglich auch diese Eindeutigkeit: Der Erzähler beschreibt in diesem Werk historische Persönlichkeiten und bildet sie unverschleiert ab, und folgerichtig rückt auch der Erzähler, sowohl auf der Schrift- als auch auf der Bildebene, besonders nah an die historische Person W.G. Sebald.

257RS 326f.

Die Fotografie wurde auf der oberen Hälfte der Seite eingefügt, somit steht das Wort „ich" in der ersten Zeile unter der Fotografie und erweckt auch durch die Apposition den Eindruck eines Bildkommentars. Die Verbindung zwischen Text und Foto wird durch die Nennung der Baumsorte des abgebildeten Baumes unterstrichen, dieses Foto ist hier gemeint. Doch einen wirklich eindeutigen Verweis darauf, dass das eingerückte Foto gemeint ist, ein „hier sieht man" sucht man im Text vergebens.[258]

Ich-Erzähler und Autor kommen sich hier so nah wie nie in Sebalds Werk. Seine physische, durch das Foto unübersehbare Präsenz im Text steht im Kontrast zur Unsichtbarkeit der Erzählgegenwart. Genau diese Einordnung des Fotos aber trennt den Erzähler wieder vom Abgebildeten: Während es eindeutig der Autor ist, der auf dem Foto zu sehen ist, weiß der Erzähler zum Zeitpunkt seines Berichts schon mehr als der Abgebildete, der all das erst in der Zukunft aufschreiben sollte. Die Kongruenz von Autor und Erzähler besteht also in der nachträglichen Betrachtung der Fotografie, auf der sich der Erzähler erkennt und gleichzeitig über die seit der Aufnahme vergangene Zeit bewusst wird.

4.5.2 Erzählerfoto in *Die Ausgewanderten*: Der Fotograf im Text

In *Die Ausgewanderten* ist eine Fotografie zu finden, auf der eine Person am Meeresstrand abgebildet ist, von der allenfalls der Haaransatz und, schemenhaft, die Umrisse der linken Gesichtshälfte auszumachen sind. Der Rest der abgebildeten Person ist durch die besonders ungünstigen Lichtverhältnisse in ein scharf umrissenes Schattenbild verwandelt und in Schwarz getaucht. Sie befindet sich in der längsten Erzählung *Ambros Adelwarth* und ist eingebunden an der Stelle, als der Erzähler für seine Recherche mit seinem Onkel Kasimir einen Spaziergang entlang der Küste von New Jersey unternimmt.

> „Der Onkel Kasimir blieb stehen und schaute auf das Meer hinaus. Das ist der Rand der Finsternis, sagte er. Und wirklich schien es, als sei hinter uns das Festland versunken und als ragte nichts mehr aus der Wasserwüste heraus außer diesem schmalen, nach Norden hinauf und nach Süden hinunter sich erstreckenden Streifen Sand. I often come out here, sagte der Onkel Kasimir, it makes me feel that I am a long way away, though I never quite know from where. Dann holte er eine Kamera aus seinem großkarierten Überzieher heraus und machte diese Aufnahme, von der er mir zwei

258Ohne das Foto jedoch würde der Leser davon ausgehen, dass der Erzähler im Moment der Niederschrift des Textes an die Zeder gelehnt steht, was wiederum vom Fotos selbst widerlegt wird: Der Abgebildete trägt weder Papier noch ein Schreibgerät bei sich.

Jahre später, wahrscheinlich, als der Film endlich voll war, einen Abzug schickte zusammen mit seiner goldenen Taschenuhr."[259]

Die ausführliche Betrachtung des Textes rund um das Foto lohnt in diesem Fall besonders, da die philosophischen Betrachtungen, die vor der Abbildung im Text von Kasimir und dem Erzähler angestellt werden, in der Fotografie ihre Entsprechung finden. Im Text selbst sind die beiden allein zu Fuß unterwegs, der Erzähler gibt wieder, was ihm der Onkel während des Spaziergangs erzählt. Die zitierte Textstelle ist die einzige, in der der Onkel von sich selbst in der Gegenwart spricht, und auch die Fotografie ist die einzige, die die Textgegenwart abbildet. Gleichzeitig stellt sie einen Raum des Schweigens im Text dar und markiert so die Stille, die parallel zum Fotografieren eintritt.

Dass auf ihr nichts zu sehen ist – der Mensch ist nicht erkennbar und somit austauschbar, das Meer schäumt weiß auf breiter Front, und auf der Sandwüste ist kein anderes lebendiges oder totes Ding zu sehen – hinterlässt im Leser den Eindruck einer Leere der Erzählgegenwart, deren Raum Kasimir als den „Rand der Finsternis" bezeichnet. Dieser Rand verläuft aber auf dieser Fotografie über dem Gesicht des Menschen, der vor der Linse steht: Ihn zu verlegen hieße, den Menschen aus der Finsternis der Vergessenheit herauszuholen, sein Gesicht zu erhellen und es ihm so erst zu geben.

Der Erzähler versucht durch die eingerückte Fotografie zu beglaubigen, die *Figur* Kasimir habe das Foto aufgenommen. Das Resultat dieses Vorgangs wird dem Leser sichtbar gemacht. Doch eine echte Kamera kann nicht von einer fiktiven Figur bedient worden sein, denn diese hat keine physische Präsenz, keinen Finger, der auf den Auslöser gedrückt haben kann. Der Leser aber sieht die Reproduktion der Fotos vor sich. Somit schließt er auf die tatsächliche Existenz der Fotokamera, die das Bild aufgenommen hat, und auch auf die real existierende Aufnahme, die zu einem bestimmten Zeitpunkt in der Vergangenheit gefertigt worden sein muss. Dies wiederum scheint in einer theoretischen Sichtweise zu beweisen, dass echt ist, was der Erzähler wiedergibt: So hat es sich zugetragen, denn die Fotos existieren.

259DA 129f.

4.5.3 Erzählerfoto in *Schwindel. Gefühle.*: Ein Zuzwinkern

Das Foto vom Reisepass ist in den Text folgendermaßen eingebunden:

> „[...] ein kleiner, ja zwergwüchsiger Konsulatsbeamter begann, die Angaben, die ich zu meiner Person gemacht hatte, in punktierten Buchstaben in
>
> einen neuen Paß zu übertragen.

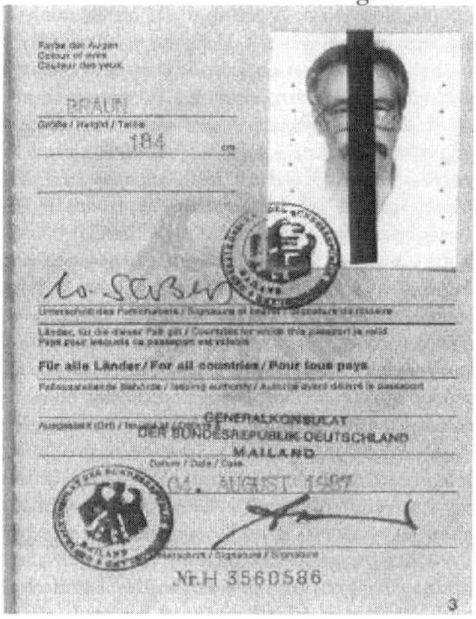

> Aus dem Konsulatsgebäude heraustretend mit dem neu ausgefertigten Ausweis meiner Freizügigkeit in der Tasche [...]“ [260]

In Sebalds erstem Prosawerk findet sich eine andere Variante der Verschleierung des Passfotos: Das deutlich erkennbare Gesicht des Inhabers ist durch einen senkrechten schwarzen Balken nahezu unkenntlich gemacht – nur durch die Brille und den Schnauzbart, die Sebald zu tragen pflegte und die über das Zentrum des Gesichts hinausragen, kann man ihn recht eindeutig identifizieren. Der „abgebildete Pass [scheint] die Kongruenz von Erzähler und Autor“ zu beglaubigen[261].

> „Der Leser gerät [...] schon in Sebalds erstem Prosatext in jene für sein gesamtes Werk charakteristische Unsicherheit, ob bzw. inwieweit solchen Authentizitätsmarkierungen vertraut werden kann.“[262]

Der Sinn eines solchen Dokuments besteht in der Authentifizierung des Inhabers, also einer lebendigen Person – die der Leser selbstverständlich nicht vor sich sehen kann. Um die Fiktion zu überwinden, bedarf es mehr, eines autobiografischen Verweises, eines fiktionsexternen Hinweises auf die abgebildete Person, die nirgends zu finden ist.

260SG 134f. Der Schriftsatz des Originals wurde beibehalten.
261Hoffmann/Rose, „*Quasi jenseits der Zeit*“, S.589.
262Hoffmann/Rose, „*Quasi jenseits der Zeit*“, S.589.

Der Verwechslungsdiskurs des Autors mit seinem Erzähler wird in diesen drei Fotografien auf die Spitze getrieben, sie markieren Sebalds Werke als Autofiktion und weisen über den Fotografiediskurs, den sie aufwerfen, noch einmal auf die bewusste Verwendung des Mediums durch den Autor hin.

5 Betrachtungen einzelner Fotografien

5.1 Fotografien in *Austerlitz*

5.1.1 Kuppel des Bahnhofs von Antwerpen / brennender Bahnhof von Luzern: Das Wichtige liegt im Abseits

In Sebalds Prosawerk *Austerlitz* referiert der Protagonist bei seiner ersten Begegnung mit dem Ich-Erzähler die Entstehungsgeschichte der *Centraal Station* von Antwerpen. Die beiden halten sich zunächst in der *Salle des pas perdus* auf, wechseln im Verlauf des Gesprächs jedoch in die „dem Wartesaal auf der anderen Seite der großen Kuppelhalle genau gegenübergelegene Restauration“[263]. Die Bahnhofshalle wird von den beiden Protagonisten durchschritten, bevor Austerlitz in seinem fortlaufenden baugeschichtlichen Bericht auf das Kuppelkonzept kommt, das sowohl der im Fließtext abgebildeten Kuppel von Antwerpen als auch der in der Fußnote lichterloh brennenden Luzerner Bahnhofskuppel zugrunde liegt.[264] Diese beiden Fotografien aus der Erzählung *Austerlitz* stehen zu Beginn der Analyse, einerseits weil sie in ihrer besonderen Komposition ein Ausnahmephänomen im Prosawerk Sebalds darstellen, andererseits weil in ihnen die Herangehensweise an die Welt sowohl des Erzählers als auch des Autors zu Beginn der Erzählung bereits in konzentrierter Form angelegt ist. Sie nehmen die großen Themen und eine Ahnung von der Struktur des Ikonotextes vorweg und demonstrieren dem Leser den „Beziehungswahn“[265] des Erzählers. Damit bilden sie den Kontrapunkt zur Beziehungslosigkeit des Protagonisten Austerlitz, die jeglichen persönlichen Zusammenhang mit der ihn umgebenden Welt negiert. Diese beiden mehr oder weniger komplementären Sichtweisen auf die Ereignisse, die in diesem Werk angesprochen werden, sind die Grundpfeiler für den Fiktionalitätscharakter der Erzählung.

Die Fotos sind verschiedenen Textteilen im selben Text zugeordnet: einem Fließtext und einem Fußnotentext. Es handelt sich hierbei um die einzige Fußnote, die Sebald in seinen Prosawerken setzt. Allein der Umstand, dass sie bebildert ist, markiert sie als eine zum Foto-Text gehörige (also ebenso fiktionale) Textstelle, obwohl sie sich typografisch absetzt. Nichtsdestotrotz verbirgt sich hinter dem nebensächlichen Charakter auch das erklärende Element, das nötige Hintergrundwissen und die Freiheit des untergeordneten Textes, auf Außertextliches, anders Dargestelltes verweisen zu können.

263A 16. Ein Unfall bei den am Vortag stattgefundenen Schweißarbeiten stellte sich schließlich als die Brandursache des Bahnhofsbrandes heraus. Diese Arbeiten fanden im „Buffet“ des Bahnhofs statt, also in der Luzerner Bahnhofsgastronomie. Auch Austerlitz und der Erzähler halten sich während ihres Gesprächs in einem solchen Restaurant auf, im Bahnhof Antwerpen.

264A 19. Austerlitz hebt hervor, dass der Luzerner Kuppelbau (erbaut 1896) als Vorbild für den Antwerpener Bahnhof (erbaut 1899-1905) diente.

265Mit dem Wort Beziehungswahn wird eine Manie des Erzählers bezeichnet, überall Verbindungen und Koinzidenzen zu sehen, die sich durch alle Prosawerke Sebalds zieht und in der ihm Austerlitz in nichts nachsteht

Diese Eigenschaften des Fußnotentextes geben den Hinweis auf den Schlüsselcharakter des kleinen Foto-Textes im großen. Schon das reine Abbilden der eigenen Textoberfläche ungeachtet des Inhalts – eine Tautologie in wissenschaftlichem Gewand – lässt darauf schließen, dass hier Hinweise zum Verfahren des Umgangs mit Fotos in diesem Text gegeben werden.

Um die Verbindung von Text und Foto genau zu untersuchen, unterscheiden wir zunächst zwischen dem Fließtext, in welchem Austerlitz spricht[266] und dem Fußnotentext, welcher eine Erinnerung des Erzählers darstellt, die durch ihre Nachzeitigkeit[267] charakterisiert ist. Die in Austerlitz' Bericht chronologisch klar geordnete Abfolge des architektonischen Fortschritts wird durch die bebilderte, eingerückte Fußnote grundlegend durcheinander gebracht, denn das dort abgebildete Gebäude des Luzerner Bahnhofs ist zum Zeitpunkt der Rede Austerlitz' (im Frühsommer 1967) noch unbeschadet, während sich die eingerückte Handlung der Fußnotenepisode knapp vier Jahre später zuträgt (4./5. Februar 1971).

Im Haupttext erfahren wir nicht nur alle wichtigen Daten und Fakten zum Antwerpener Hauptbahnhof sowie die Namen der Baumeister und Auftraggeber, selbst die architektonischen Strömungen, die Inspirationen und tieferen Absichten der Architekten legt Austerlitz uns dar. Alle Informationen werden in einer gehobenen Sprache und langen, ausführlichen Sätzen ohne jede Affektiertheit oder Wertung wiedergegeben.[268] Unpersönlich wie ein Lexikontext gibt Austerlitz sein Wissen über das Bahnhofsgebäude an den Erzähler weiter (der es uns in seinen Worten weiter gibt). Sebald stellt mit diesen ersten trockenen, weil erschöpfenden Ausführungen einen wichtige Weiche für das Textensemble *Austerlitz*, da dem Protagonisten über weite Teile der Erzählung das Wort vom Erzähler übergeben wird.[269] Was vollständig fehlt, sind Austerlitz' persönliche Erfahrungen, die diesem Ort und seiner Erzählung „Farbe verleihen“ würden, wie möglicherweise sein erster Besuch in Antwerpen, seine Ankunft, sein Empfinden beim Betreten des kathedralenartigen Saales usw. - kurz - all jene Informationen, die wir dem vorstehenden Text, der Ankunft des Erzählers entnehmen konnten.

In diesen architektonischen Exkurs Austerlitz' ist die erste Fotografie eingerückt, sie zeigt die noch immer existierende Antwerpener Bahnhofskuppel über der Eingangshalle.

266Austerlitz' Ausführungen werden zwar wiedergegeben durch den Erzähler, dieser tritt jedoch weitgehend hinter den Protagonisten zurück.

267Nachzeitigkeit ist im Hinblick auf die Diegese die Zeit nach der letzten Begegnung des Erzählers mit Austerlitz und vor Drucklegung des Werkes, „bei der Durchsicht dieser Aufzeichnungen“, die Jetztzeit des Ich-Erzählers.

268Erst auf der nächsten Seite spricht Austerlitz von einem „lächerlichen Eklektizismus“.

269Wir hören also hauptsächlich Austerlitz zu, wenn wir das Buch *Austerlitz* lesen – über längere Textpassagen spricht der Erzähler lediglich am Anfang, am Ende und in einer Passage über seine Augenkrankheit.

Es ist eine Innenaufnahme und aus der Froschperspektive aufgenommen. Dies verzerrt die über einen quadratischen Grundriss sich wölbende Kuppel zu einem ungleichmäßigen Trapez, dessen rechte untere Ecke durch den Seitenrand des Abzugs abgeschnitten ist. Die sichtbare Mitte der Kuppel rückt in das obere Drittel des Bildes, die Seitenbögen unterhalb der Kanten bleiben durch die stark unterschiedlichen Lichtverhältnisse[270] unsichtbar. Es ist gut vorstellbar, dass der Erzähler beim Durchqueren des Saales die Linse flüchtig nach oben gerichtet und einfach schnell ein Bild geschossen hat (weil er z.B. Austerlitz' Exkurs über die Entstehungsgeschichte des Bahnhofs nicht unnötig lange unterbrechen wollte).[271] Dieser erste Eindruck der Fotografie – ihre Laienhaftigkeit – bildet den einzigen Aussagewert des Fotos, das jedoch über eine halbe Seite füllt. Dass eine Aufnahme, die auf die Schnelle, ohne jede Rücksichtnahme auf Perspektive, Lichtverhältnisse und Vollständigkeit des Motivs aufgenommen worden ist, ein solcher Stellenwert im Buch eingeräumt wird, provoziert. Noch dazu ist ihr Motiv ein viel harmloseres und nebensächlicheres als jenes der deutlich kleineren, aber skandalösen Fotografie, wie die Gegenüberstellung auf derselben Seite hervorhebt. Dem Proporz des Antwerpener Gebäudes wird kein Platz in der Fotografie eingeräumt, obwohl Bögen und Zierrat gut zu erkennen sind, vermittelt die schräge Perspektive eher die Haltung des Fotografen. Nicht (nur) die abgebildete Kuppel selbst verweist auf etwas außerhalb der Fotografie (wie in der Fußnote zu sehen ist, s.u.), sondern auch die in der Perspektive steckenden Hinweise auf die Aufnahmesituation, die Position des

270Auch eine mögliche Bearbeitung oder nachträgliche Schwärzung kann nicht ausgeschlossen werden.

271Tatsächlich suggeriert diese „Schnappschussästhetik" eine unmittelbare Beteiligung des Fotografen am abgelichteten Geschehen, wie es z.B. in der Kriegs- und Live-Fotografie üblich ist. Die Komposition der Fotografie verrät uns also, dass es entweder der Erzähler oder Austerlitz gewesen sein muss, der die Fotografie aufgenommen hat.

Fotografen, der hier mutmaßlich der Ich-Erzähler ist. Daher wird mit diesem Foto auch die Erzählsituation bebildert, und der Ich-Erzähler kommt uns durch diese Fotografie näher.
Die zweite Fotografie, nur etwa ein Viertel so groß wie die erste, zeigt eine Ansicht des brennenden Bahnhofsgebäudes von Luzern aus der Vogelperspektive und ist durch den Umstand des Brandes, eines einmaligen Ereignisses genau datiert: Die Aufnahme ist am 5. Februar 1971 entstanden.

Im Vordergrund sind der Pfeiler des Westflügels und ein Wasserstrahl der Löscharbeiten zu sehen, im Hintergrund erkennt man schemenhaft die große Glaskuppel, die hier bereits vollständig in Flammen steht. Diese Fotografie befindet sich durch ihre Einbettung in den Fußnotentext unterhalb der anderen, oben beschriebenen auf derselben Seite. Die quadratische Fotografie wirkt ausschnitthaft, doch von ihrer Komposition her, in ihrem Winkel und ihren Proportionen durchaus professionell.
Sie ist der Bildergalerie des Luzerner Stadtarchivs entnommen,[272] das Original ist eine Farbfotografie, die im Querformat einige Zentimeter größer ist als Sebalds Ausschnitt, so dass die Totale erkennbar ist. Sie ist von außerordentlicher Qualität, und durch ihre Farbgebung noch um einiges beeindruckender, denn die Feuerfarben leuchten in prächtigen Gelb- und Rottönen. Sebalds Ausschneidearbeiten fiel auf der linken Seite der Eingangsbogen des Bahnhofs mit der Bahnhofsuhr und der Figur „Zeitgeist" des Bildhauers Richard Kissling zum Opfer. Genau dieser Bahnhofsbogen ist eines der wenigen Bauteile des alten Bahnhofs, die den Brand überstanden haben und (restauriert) vor dem neuen Luzerner Bahnhof noch heute zu besichtigen ist. Auf der vollständigen Fotografie ist über dem Torbogen der wolkenverhangene, aber helle Himmel zu sehen; es war zu diesem Zeitpunkt schon Vormittag und nicht, wie Sebalds Text suggeriert, tiefste Nacht. In einem vom Einsatzleiter der Feuerwehr kommentierten Bericht kommt ein weiterer besonderer Umstand zur Sprache: Die Bahnhofsuhr, auf dem Ausschnitt Sebalds ebenfalls nicht zu sehen, kam am Tag des Brandes um 9:03 Uhr zum Stillstand – und auf den Bauzeichnungen aus dem Jahr 1895 hat der Zeichner die Bahnhofsuhr auf exakt dieselbe Uhrzeit eingestellt. Zu diesem Zeitpunkt stürzte die Glaskuppel ein. Eine Sebaldsche

272http://www.stadtluzern.ch/de/aktuelles/aktuellesinformationen/welcome.php?action=showinfo&info_id=134205&ls=0&sq=&kategorie_id=&date_from=&date_to=, abgerufen am 20.03.2011.

Koinzidenz, die der Autor dem gründlich recherchierenden Leser zum eigenen Amüsement überlassen hat.[273]

Die Aufnahme muss in den letzten Minuten vor dem Einsturz gemacht worden sein, sie bekommt durch dieses Wissen einen endgültigen Charakter. Diese Informationen enthält Sebalds Foto-Text dem Leser vor. Der Autor schneidet gewissermaßen die Zeit aus dem Bild heraus, so wie die Fotografie selbst den buchstäblich letzten Moment der Kuppel aus der Zeit heraus schneidet, ihn bewahrt und verewigt. Gerade das Verhältnis des Protagonisten zur Zeit spielt in *Austerlitz* allerdings eine herausragende Rolle. Von Anfang an sind zeitliche Strukturen in die Erzählung hinein gewebt, und häufig wird die Chronologie der Erzählung wie in diesem Beispiel durchbrochen, um Verweise auf zurückliegende oder, wie in diesem Fall, nachfolgende Ereignisse zu geben.[274] Die Eingebundenheit der abgebildeten Luzerner Kuppel in die Zeit, in das unentrinnbare Vorher und Nachher wird durch die Eigenschaft des Brandes selbst bestätigt. Sein Weltwissen sagt dem Leser, dass ein Brand ein vorübergehendes Ereignis ist, der lineare Zerstörungsprozess par excellence, der einen Anfang und ein Ende hat. Das „punctum"[275] dieser Fotografie ist das Feuer, das besticht, gerade weil es darauf verweist, dass es nunmehr vorbei sein müsste, dies aber nicht *zeigen* kann.

Warum aber muss der Erzähler eine Fußnote setzen, um diese Analogie zu stiften? Er erinnert sich „bei der Durchsicht dieser Aufzeichnungen" an eine persönliche Erfahrung aus dem Jahr 1971. Diese fand jedoch *nach* der Begegnung mit Austerlitz statt. Die Verbindung zu Austerlitz' Diskurs und der Fotografie ist das Kuppel*konzept*, ein geistiges Gebilde. Die Episode der Koinzidenz ist wiederum aus dem persönlichen Erfahrungshorizont des Erzählers und der Begebenheit des Bahnhofsbrandes zusammengesetzt. Zwar stellt jede Kuppel eine Repräsentation des Konzepts „Kuppel" dar – doch nun

273http://www.staatsarchiv.lu.ch/index/schaufenster/geschichten_bilder/amateurfilme/bahnhofbrand.htm und http://www.maison-du-chapeau.ch/luzern/bahnhof.html (Videoausschnitt), abgerufen am 10.7.2011.

274Der Protagonist hält in der Mitte der Erzählung eine vom Erzähler so genannte „Disposition über die Zeit", in der er sich grundlegend kritisch äußert: Sie ist nach seiner Meinung „von allen unseren Erfindungen weitaus die künstlichste"; immer wieder kommt er in seinen Gesprächen mit dem Erzähler auf sie zurück. A 145ff.

275 Zum Begriff des *punctums* siehe Roland Barthes: *Die helle Kammer*. S.77ff und Fußnote 277.

geht ihm auf, dass er sich an Austerlitz' Diskurs erinnert hat und erinnert sich heute, dass er sich erinnert hat. Um sich die Ereignisse aus dem Jahr 1971 ins Gedächtnis zu rufen, bedarf es der Erinnerung an 1967. Die so ineinander verschlungenen Erinnerungsmuster sind verknüpft mit den Fotografien. Um diesen Rückschluss zu erkennen, müssen wir wieder zum Fließtext zurückkommen, in dem Austerlitz eine konzeptuelle und historische Verbindung zwischen den Bahnhofsgebäuden Antwerpen und Luzern herstellt. Die Errichtung des Luzerner Gebäudes ist – das Muster bleibt dasselbe wie bei der Erinnerung – die Bedingung für die Kopie des Konzepts in Antwerpen:

> „Das Vorbild, das Leopold seinem Architekten empfahl, war der neue Bahnhof von Luzern, an dem ihn vor allem das über die sonst übliche Niedrigkeit der Eisenbahnbauten dramatisch hinausgehende Kuppelkonzept bestach* [Fußnotenanker, JK], ein Konzept, das [...] auf eine derart eindrucksvolle Weise verwirklicht wurde, daß selbst wir heutigen, ganz so, wie es in der Absicht des Erbauers lag, beim Betreten der Eingangshalle von dem Gefühl erfasst werden, als befänden wir uns, jenseits aller Profanität, in einer dem Welthandel und Weltverkehr geweihten Kathedrale."[276]

In seiner Fußnote[277] setzt der Erzähler dieses Ereignis in Bezug zu seiner Person, er kann sich die Koinzidenz seines Besuchs und des Brandes nur in einer logischen „Kettenreaktion der Ereignisse" erklären, für das er „der Schuldige oder zumindest einer der Mitschuldigen" sei. In dieser Aussage verbirgt sich die Annahme, aufeinander folgende, bereits eingetretene Ereignisse stünden immer in einer Kausalitätskette. So versteht der Ich-Erzähler Geschichte: Ohne seine Anwesenheit in Luzern wäre die Kuppel womöglich nicht in Brand geraten.

> "[...] something inexplicable occurs; we don't really know what to make of it, but the fact that it does occur seems to carry enormous significance."[278]

Seine Reise war in seinen Augen die Bedingung dafür, dass es zum Feuer gekommen ist – so seine Ahnung. Dieses metaphysische Hineindenken der eigenen Person in kausale Zusammenhänge lässt den Ich-Erzähler mit Schuldgefühlen zurück.

Tatsächlich ist es nicht das Bild aus der Erinnerung, das den Erzähler aufwühlt und verfolgt, sondern die Bilderflut der Massenmedien:

> „Von den Bildern, die ich am nachfolgenden Tag davon in den Zeitungen und am Fernsehen gesehen habe und die ich während mehrerer Wochen nicht aus dem Kopf bringen konnte, ist für mich etwas Beunruhigendes und Beängstigendes ausgegangen, das sich in der Vorstellung verdichtete, daß ich der Schuldige oder zumindest einer der Mitschuldigen sei an dem Luzerner Brand. Noch viele Jahre später habe ich manchmal in meinen Träumen gesehen, wie die Flammen aus dem Kuppeldach schlugen und das gesamte Panorama der Schneealpen illuminierten."[279]

276A 14ff.

277Diese Fußnote setzt Sebald augenzwinkernd genau hinter das Wort „bestach" in den Monolog seines Protagonisten, jenes Wort, mit dem in der deutschen Übersetzung des Barthes-Textes *Die helle Kammer* der Effekt des *punctum* beschrieben wird, ein Merkmal bestimmter Fotografien, das den Betrachter besonders reizt. Dabei kann das *punctum* bei Barthes auch eine persönliche Assoziation oder Relation sein, die nicht jedem „Leser" an einer bestimmten Fotografie auffallen kann, sondern in seiner Ich-Situation verwurzelt ist. Genau dies ist hier beim Ich-Erzähler der Fall, während er die Fotografie des Feuers betrachtet. (Roland Barthes: *Die helle Kammer.* S.77ff.)

278Joseph Cuomo/W.G. Sebald: *A conversation with W.G. Sebald,* S.96.

279A 19f. (Fußnote)

Das Erinnerungbild von der intakten Bahnhofskuppel, die der Erzähler noch am Tag zuvor mit eigenen Augen gesehen hatte, wird schlagartig überdeckt von den in einer Endlosschleife wiederholbaren und daher traumatisierenden Aufnahmen der modernen Medien vom Bahnhofsbrand. Der Erzähler zeigt eine brennende und eine intakte Kuppel *zugleich*, auf einer Seite. Der Brand wird durch das Foto verewigt, wie er im Gedächtnis des Erzählers traumatisch verwurzelt ist, und die Eigenschaft des Mediums Fotografie, festzuhalten, was in der Wirklichkeit nie festzuhalten wäre, wird hervorgehoben.
Durch ihre eindrucksvolle Perspektive und die unnatürliche Nähe zur Kuppel erhält die Fotografie eine Eindringlichkeit, die im Text hier ihre Entsprechung findet. Diese *Bilder* können aufgrund ihrer Speicherung beliebig oft wiederholt werden, wohingegen das *Ereignis* selbst eine Singularität darstellt. Während also die Kuppel des Luzerner Bahnhofs nur einmal abbrennen kann, brennt die erinnerte Luzerner Bahnhofskuppel für den Erzähler noch immer. Das Bild aus dem Bericht überdeckt das selbst Gesehene und verbleibt im Gedächtnis. Zudem vermischt sich die erschütternde Wirkung der Fotografie, die auch auf die Urangst des Menschen vor dem Feuer zurückgeht, mit dem Bewusstsein darüber, einer der Letzten gewesen zu sein, die die Kuppel *mit eigenen Augen* intakt gesehen haben. Das Foto im Fußnotentext bekommt durch den es umgebenden Text einen traumatischen Charakter, da der Erzähler das Ereignis „Bahnhofsbrand" nicht zu überwinden scheint. Mit dem Foto bebildert der Erzähler gleichsam seinen Traum. Der lineare und endliche Prozess des Brandes wird zur chronischen, einzig verblieben Eigenschaft der Luzerner Bahnhofskuppel.
Die ursprüngliche Fotografie jedoch widerlegt einen Teil der Alpträume, die den Erzähler heimsuchen. Eine vom Erzähler geträumte „Illumination der Schneealpen" verhinderten am Tag des Brandes sowohl die starke Rauchentwicklung als auch die tief hängenden Wolken. Beides ist auf dem Ausschnitt im Buch nur schwer bzw. gar nicht zu erkennen – ein Alpenpanorama hingegen auch nicht. Die Abbildung des ganzen Fotos wäre für den erzählerischen Vergleich ein Hindernis gewesen. Sein Eingriff in die abgebildete Vergangenheit, seine Beschneidung und Konzentration des Fotos auf die für ihn relevanten Teile war notwendig, um die Geschichte von der Koinzidenz, der Analogstiftung im Gedächtnis des Erzählers glaubwürdig zu erzählen. Die durch das Foto repräsentierte Wirklichkeit muss zur Herstellung der Analogie Traum – Foto bearbeitet werden.
Beide Fotografien zeichnet eine besondere Perspektive aus, beide sind (annähernd) quadratisch, beide befinden sich auf derselben Seite. Doch die Fotos beweisen bei aller Laienhaftigkeit nicht mehr als die Präsenz der beiden Kuppeln zu einem Zeitpunkt in der Vergangenheit, dem Zeitpunkt der Aufnahme. Erst dadurch, dass die beiden Fotografien auf einer Seite abgebildet und so (wie im Gedächtnis des Ich-Erzählers) miteinander in Beziehung gesetzt werden, entsteht ein Entfremdungseffekt, der die Bauwerke sowohl ihrer Zeit als auch ihres Ortes enthebt und sie zu mysteriösen Besonderheiten macht. Obwohl die Fotografien in ihrer Darstellung der angesprochenen Bahnhöfe wie reine Illustrationen

wirken, sind sie aufgrund ihrer Position, ihrer Ausschnitthaftigkeit und der Betonung der Determiniertheit der abgebildeten Gegenstände Konstrukte des Textes, durch den sie zusätzliche Bedeutung erhalten. Durch die Ausschneidearbeiten des Autors sind auch die reproduzierten Fotos Konstrukte, Fiktionen aus seiner Hand.

Während die erste Aufnahme einen ebenso zeitlosen Charakter besitzt wie das Kuppelkonzept selbst, zeigt die zweite Aufnahme einen Ausschnitt aus der sich im Moment vollziehenden Zerstörung des Motivs. In dieser Gegenüberstellung sind die beiden Pole der Geschichte *Austerlitz* veranschaulicht: Seiner eigenen zeitlichen Determiniertheit, die in der Prägung durch das Gefühl der Einsamkeit[280] (ausgelöst durch den Kindertransport) wurzelt, kann Austerlitz nichts entgegensetzen. So hat er das Vergessen bzw. eine Deckerinnerung[281] bemüht und sein Leben der Vertiefung seines Wissens um Dinge und Geschichten gewidmet, die für die Menschheit Allgemeingültigkeit besitzen. Da die Weitergabe dieses Wissens an die nachfolgenden Generationen gewährleistet ist, haftet diesen Informationen eine gewisse Überzeitlichkeit an. In Austerlitz' Bericht steht das Bild der Kuppel als Dokument des einen Moments in seinem Leben. So bildet die Fotografie, ob gewollt oder nicht, in ihrer Singularität die unwiederbringliche Zeit der „belgischen Begegnungen"[282] ab, die bleibende Kuppel von Antwerpen wirkt ebenso zerbrechlich wie Austerlitz' Leben und seine geistige Arbeit. Die Möglichkeit, eine persönliche Geschichte, ein gelebtes Leben weiterzugeben, hat Austerlitz hingegen nicht, denn ihm wurde diese Chance durch das Zerreißen seiner Familienbande mit dem Kindertransport genommen. Genau diese Geschichte aber will er schließlich erzählen. Den Erzähler wählt er als „Zuhörer"[283] für seine Geschichte. Dieses Band zwischen dem Erzähler und Austerlitz ist auf der Seite mit den beiden Kuppeln sichtbar geworden.

280Austerlitz fühlt sich als Kind in dem Predigerhaus „in einer Art von Gefangenschaft" (A 66).
281"[...] photography gains its full significance as a substitute for experiences that are inaccessible to conscious memory." Carolin Duttlinger: *Traumatic Photographs,* S.161.
282So nennt Austerlitz die frühen Gespräche zwischen ihm und dem Ich-Erzähler (A64).
283A 64.

5.1.2 Zwei Fotos auf dem Weg zur Vergangenheit: Das Mosaik und das Treppenhaus

> „Und dann die Kühle beim Betreten des Vorhauses in der Šporkova Nr. 12, der gleich neben dem Eingang in die Mauer eingelassene Blechkasten für das Elektrische mit dem Symbol des herabfahrenden Blitzes, die achtblättrige Mosaikblume, tauben-
>
> 
>
> grau und schneeweiß, in dem gesprenkelten Kunststeinboden des Entrees [...]"[284]

Die erste Fotografie bestätigt in einer Illustration des Gesagten, was der Erzähler sieht: Die Mosaikblume ist tatsächlich auf einem gesprenkelten Untergrund eingelassen, selbst die Farben grau und weiß sind auf dem Schwarzweißbild wahrzunehmen. Ihre Attribute aber, die Nomen der Komposita *Taube* und *Schnee* haben symbolischen Charakter. Die Taube steht im christlichen Glauben für das Friedensversprechen Gottes nach der Sintflut, sie bringt Noah das erste Zeichen der beginnenden Vegetation auf die Arche und signalisiert somit das Ende der Irrfahrt auf dem offenen Meer, das Ende der Verlorenheit der Menschen.[285] Auf Sebalds Erzählung übertragen symbolisiert sie die Hoffnung des nach über 57 Jahren heimkehrenden Austerlitz, seine wahre Identität zu finden. Der Schnee ist schließlich das Symbol für den Winter und das Ende des Lebens, das sich bei Austerlitz anzukündigen scheint. Es handelt sich um eine Metapher, die in vielen Passagen in Sebalds Werk eingewoben ist und vom Altern über die Zeitlosigkeit als auch das Vergessen einen großen Bedeutungshorizont erschließen lässt. Auch in *Schwindel. Gefühle.* findet sich die Metapher vom Schnee, der bedeckt, was verdrängt wird.[286] Und schließlich findet sich die Metapher vom Schnee als Sinnbild des Vergessens und Verdrängens auch noch einmal in einer später erst von Věra erinnerten Szene aus Austerlitz' Kindheit:

284A 217f. Das Symbol des herabfahrenden Blitzes wird nicht abgebildet (i.e. konkretisiert): Das Sinnbild eines gezackten herabfahrenden Pfeils weist in seiner bloßen Erwähnung eine bildliche Nähe zu den Runen des Symbols der SS auf. In den Text werden so durch das ins sprachliche Zeichen umgesetzte Symbol die Verbrechen der Nationalsozialisten eingewoben.

285Genau jenes Bild der Taube mit dem Ölzweig im Schnabel ist auf S.63 abgebildet ist, hier als Foto eines nicht gezeigten Bildnisses im Tempel unter dem *Great Eastern Hotel*, in dem sich der Erzähler und Austerlitz nach langer Zeit wiedersehen.

286Es schneit auch, als Austerlitz' Mutter diese Stufen das letzte Mal hinuntergeht, auf dem Weg zur Deportation ins KZ Theresienstadt (A 256). „Schneeweiß" ist auch das Kostüm des Pagen der Rosenkönigin, des einzigen Fotos von Austerlitz aus der Zeit vor dem Kindertransport (A 267). Als Schnee im gleichsam übertragenen Sinne ist auch der (Kohle-)Staub zu sehen, den der Maler Aurach massenhaft bei seiner Arbeit „produziert" (DA 238f.), ebenso wie das „billige Talkum", das Austerlitz Ziehmutter Gwendolyn gegen Ende ihres Lebens ebenfalls in großen Mengen verwendet. (A 90f.)

„Und dann erzählte mir Věra, wie wir im Herbst oft von der oberen Umgrenzungsmauer des Schönborngartens den Eichhörnchen zugesehen hätten beim Vergraben ihrer Schätze. [In] deinem Lieblingsbuch, das vom Wechsel der Jahreszeiten handelte, sagte Věra [...] [war] davon die Rede [...], daß der Schnee durch das Gezweig der Bäume herabrieselt und bald den ganzen Waldboden bedeckt [...] [Da] hätte ich zu ihr aufgeblickt und gefragt: Aber wenn alles weiß sein wird, wie wissen dann die Eichhörnchen, wo sie ihren Vorrat verborgen haben? [...] Ja, wie wissen die Eichhörnchen das, und was wissen wir überhaupt, und wie erinnern wir uns, und was entdecken wir nicht am Ende?"[287]

Die Beschreibung des Treppenhauses

„[...] der feuchte Kalkgeruch, die sanft ansteigende Stiege, die haselnußförmigen Eisen-

knöpfe in bestimmten Abständen auf dem Handlauf des Geländers – lauter Buchstaben und Zeichen aus dem Setzkasten der vergessenen Dinge, dachte ich mir und kam darüber in eine so glückhafte und zugleich angstvolle Verwirrung der Gefühle, daß ich auf den Stufen des stillen Treppenhauses mehr als einmal mich niedersetzen und mit dem Kopf gegen die Wand lehnen mußte."[288]

Das zweite Foto, bedeutend größer und in das Zentrum der Seite gerückt, zeigt den „Nicht-Ort"[289] Treppenhaus, einen wichtigen Schauplatz in Austerlitz' Leben. Das Foto zeigt den Ort so, wie er einmal war und wie er zu Austerlitz' Besuch immer noch ist: ein Ort der stillstehenden Zeit. Dabei scheint gerade das Treppenhaus denkbar schlecht geeignet, diesen darzustellen, handelt sich doch um einen typischen Durchgangsort, an dem sich Menschen nicht aufhalten, sondern in einem fort vorübergehen, ihn jeden Tag somit zwar mehrmals „beleben", doch nicht mit Leben füllen. Die Aufnahme des leeren

287A 290f.
288A 218f.
289Marc Augé prägte diesen Begriff (Marc Augé: *Orte und Nicht-Orte. Vorüberlegungen zu einer Ethnologie der Einsamkeit.* Frankfurt am Main 1994, S.63.).

Treppenhauses scheint uns Betrachtern selbst auf die Leerstelle hinzuweisen: Sebald zeigt hier einerseits, wie uns das Foto des Erinnerungsortes dazu auffordert, ein ganzes Menschenleben zu erzählen und wie sehr, andererseits, das Foto selbst doch über die Tragödien des Schauplatzes schweigt, den es abbildet. Der Autor gibt dem Leser ein Foto an die Hand, von dem ausgehend einem Menschen, der das Buch nicht gelesen hat, die ganze Geschichte Austerlitz' erzählt werden könnte. Er reizt den Leser mit diesem Bild, es ihm nachzutun und dem Foto die Geschichten zu entnehmen, die in ihm möglicherweise zu finden sind.

Das Foto ist kurz vor der rührenden Wiedererkennungsszene eingerückt, in der die Kinderfrau Věra Austerlitz nach über fünfzig Jahren wieder in die Arme schließt. Der Leser imaginiert den alten Austerlitz an der Wand, wie er sich festhält und die Stirn an die Wand lehnt. Das ungute Gefühl, das Sich-anlehnen-müssen im Treppenhaus, Schweißperlen auf der Stirn. Nur in kleinen, sichtbaren Knöpfen auf dem Geländer sind Erinnerungen verwoben, die Austerlitz wie Ahnungen ins Gedächtnis steigen. Der Leser kann sich in diesem leeren Raum den kleinen Austerlitz vorstellen, wie er die Treppe vor seiner Kinderfrau hinunterspringt in freudiger Erwartung des Spaziergangs. Und auch das Frauenpaar kann er sich hier hineindenken, Agáta und Věra, schweigsam, mit dem großen Koffer in müder Abgekämpftheit, in dicken Wintermänteln, und von der Ahnung einer schlimmen, kurzen Zukunft gezeichnet, oder das junge Paar am Tag des Einzugs und die Neugier in Věras Augen, die sich als neue Nachbarin vorstellt.

Nichts davon aber zeigt das Foto tatsächlich. Der Leser ist dazu aufgefordert, sich über den das Foto umgebenden Text eine den Treppenhausraum ausfüllende Szene zu vergegenwärtigen. Allerdings kann dieses Ausfüllen erst nach der Lektüre der folgenden Seiten erfolgen – Austerlitz' Ahnungen spiegeln auch die Ahnung des Lesers. Somit versetzt sich der Leser in den Protagonisten zur Textgegenwart hinein: Am Ort seiner Kindheit angekommen, versucht er, sich an Früheres zu erinnern. Der Leser darf versuchen, Austerlitz anhand der Fotografie des Ortes im Text zu vergegenwärtigen.

> "Austerlitz senses that buildings bear witness to the past, as unquiet ghosts in our midst demand redress."

Eine weitere Konnotation bekommt das Foto des Treppenhauses im Hinblick auf die frühere Schreibkrise Austerlitz':

> „[Abends] überkam mich eine dichter und dichter werdende Angst, durch die [...] nur der eine Gedanke noch in meinem Kopf war, ich müsse mich vom Treppenabsatz im dritten Stockwerk eines bestimmten Hauses in der Great Portland Street, in dem ich vor Jahren nach einem Arztbesuch einmal eine sonderbare Anwandlung gehabt hatte, über das Stiegengeländer hinunterstürzen in die dunkle Tiefe des Schachts."[290]

Die aufkommende verdrängte Erinnerung in einem ähnlichen Treppenhaus verleitet den Protagonisten beinahe zum Selbstmord.[291] Somit wird das Treppenhaus zum Sinnbild des letzten Ortes der

290 A 180f.

291 Das Hinunterstürzen findet sich ebenso beim Maler Max Aurach, der auf einem Ausflug auf den Grammont nur von einem Schmetterlingsfänger (dem Alter Ego des Schriftstellers Vladimir Nabokov) davon abgehalten wird, sich in die Tiefe zu stürzen (DA 259).

Verzweiflung, die Treppen selbst zum letzten Hindernis auf dem Weg zur seiner wahren Identität. Ein ähnliches Verhalten wie Austerlitz im Treppenhaus legt der Ich-Erzähler bei seinem Eintritt in die Kasematten der Festung Breendonk an den Tag.

> „Indem ich in die Grube hinabstarrte, hob sich aus der Untiefe das Bild unseres Waschhauses in W. hervor, [...] und ein ekelhafter Schmierseifengeruch [stieg] mir in die Nase [...], ein schwarzes Gestrichel [begann] mir vor den Augen zu zittern und ich [war] gezwungen mich anzulehnen an die [...] Wand."

Auch hier ist ein Foto eines Durchgangsortes eingebettet, diesmal allerdings der eines tunnelartigen Ganges innerhalb des „Auffang- und Straflagers"[292]. Der Erzähler verweist so auf die „Geschichten, die an den ungezählten Orten und Gegenständen haften, welche selbst keine Fähigkeit zur Erinnerung haben" und „die von niemandem je gehört, aufgezeichnet oder weitererzählt werden."[293] Diese Erinnerungslosigkeit der Orte ist auf den Fotografien schmerzhaft sichtbar geworden, denn wie könnten wir uns anhand der Fotografie an Austerlitz und sein Schicksal erinnern, wenn wir die Geschichte nicht gehört, wenn sie uns der Erzähler nicht vermittelt hätte.

5.1.3 Die Fotos von Věra

Zwei besondere Fotografien innerhalb des Werkes *Austerlitz* sind jene, die das Kindermädchen Věra Austerlitz in ihrer Wohnung vorlegt. Sie geben großen Aufschluss darüber, wie Sebald mit dem Authentizitätscharakter der Dokumente umgeht.

> „Als Věra mit ihrer Erzählung zu Ende war, [...] reichte sie mir, nach einer längeren Pause, in der sich die Stille in der Šporkova-Wohnung mit jedem unserer Atemzüge zu vermehren schien, zwei kleinformatige, vielleicht 9x6cm messende Photographien [...]"[294]

Folgt man den Angaben des Erzählers, in diesem Falle Austerlitz, erfolgt die Abbildung dieser beiden Fotografien im Buch in ihrer tatsächlichen Größe. Somit erfahren sie – zumindest in ihrer Form – eine Bereicherung an Authentizität: Die Vermittlung des Fotos an den Leser musste keine neuerliche Beschneidung der ursprünglich echten Formats erleiden.

Die besondere Vermitteltheit der beiden Fotografien

Die beiden folgenden Fotos werden von der dritten Erzählinstanz Věra vorgelegt, die die Fotos Austerlitz zu dem Zeitpunkt überreicht, da sie „mit ihrer Erzählung zu Ende war"[295]. Die Stille kann im Text freilich keine andere Entsprechung haben außer der Einstreuung einer Fotografie. Wie ist dieses Foto in den umgebenden Text eingebunden?

Was Věra zu Austerlitz gesagt hat, hat dieser dem Ich-Erzähler gesagt, und dieser vermittelt es dem Leser in dem Werk *Austerlitz*. Durch die mündliche Weitergabe an den Ich-Erzähler entsteht eine Vermitteltheit, die im Text immer wieder kenntlich gemacht ist.

292A 28.
293A 35.
294A 259f.
295Ebd.

„Mehrfach hintereinander geschachtelte *inquit*-Formeln zeugen von der daraus sich ergebenden Komplexität der narrativen Struktur von *Austerlitz*."[296]

Bezüglich der mündlichen Weitergabe von Informationen sind wir so im Bilde. Wie verhält es sich aber mit der Fotografie? Austerlitz wird die Fotos – so dürfen wir vermuten – dem Ich-Erzähler gezeigt haben, während er von der Episode erzählte. Dafür gibt es allerdings keinen Beweis. Und der Ich-Erzähler (respektive der Autor) zeigt sie dem Leser mittels der typografischen Abbildung im Text – darauf muss er nicht hinweisen, denn der Leser sieht diese Fotos. Durch die Verbindung der beiden Medien und die „*inquit*-Formeln" entsteht ein „Fenster-Effekt": Die Fotos werden wie durch drei übereinander gelegte Fenster von Erzählebene zu Erzählebene weitergereicht. Auf den Fotos jedoch ist diese Vermitteltheit nicht ablesbar. Die Fotos erzählen nicht, durch wessen Hände sie gegangen sind, wer den Abzug, wer das Foto gemacht hat, die Fensterrahmen sind unsichtbar.

Während zwischen dem Erzähler und Austerlitz bezüglich der von Austerlitz hinterlassenen Fotos ein Vertrag geschlossen wird, der die in die Abschnitte der Erzählung eingebetteten Fotos im Nachhinein mit einem textinternen Bildnachweis versieht[297], wird nicht deutlich im Text belegt, ob dieser Bildnachweis auch für die vorliegenden beiden Fotos gilt – auch wenn Austerlitz sagt, er habe die Fotos im Nachhinein „noch vielmals studiert"[298].

Durch diese Fensterrahmen entsteht auf der Ebene des Erzählens ein Schwebezustand der Fotos – der Leser sieht sie zwar jetzt und immer wieder, sobald er das Buch aufschlägt, doch Austerlitz und Vera betrachten sie (gleichzeitig mit uns) im Text jedes Mal das erste Mal.

5.1.3.1 Das Bühnenbild mit zwei Schauspielern

Die querformatige Fotografie[299] zeigt ein naiv gemaltes Bühnenbild mit Felsen, Schnee und Tannen sowie einem schmalen Pfad in der Mitte, der in das Bild hinein führt. Dieser endet am Horizont, wo sich ein Alpenpanorama im Nebel abzeichnet. Vorn ist die Bühne zu erkennen, auf der im linken Vordergrund zwei im Vergleich zum gemalten Bild extrem klein wirkende Menschen in schwarzer Winterkleidung stehen: Sie ist etwa zwischen 35 und 45 Jahre alt und trägt einen Mantel mit hellem Fellkragen und elegantem schwarzem Hut, er, vielleicht zwischen 50 und 65, untersetzt, trägt einen zugeknöpften Mantel mit grauem Hut. Die Personen auf der Schwarzweißfotografie machen nur etwa ein Zehntel der Fotografie aus, so dass man sie zunächst übersieht und wie bei einer optischen Täuschung mehrmals hinsehen muss, um die Umrisse ihrer Kleidung zu erkennen.

296Alex Seiler: „Als hätten die Bilder selbst ein Gedächtnis", S.22.

297„Austerlitz [...] überreichte mir die Schlüssel seines Hauses in der Alderney Street. Ich könne dort, wann immer ich wolle, sagte er, mein Quartier aufschlagen und die schwarzweißen Bilder studieren, die als einziges übrigbleiben würden von seinem Leben." A 410. Dieser „Nachweis" erfolgt auf fiktionaler Ebene und ist somit kein eigentlicher Nachweis, sondern eher eine „Fiktionsironie" (Martin Doerry/Volker Hage/W.G. Sebald: „Ich fürchte das Melodramatische", S.232).

298A 263.

299A 265.

Věra kommentiert diese erste Fotografie mit den Worten:

> „Jedenfalls die eine der Photographien zeigt eine Theaterbühne in der Provinz, in Reichenau vielleicht oder in Olmütz oder an einem der anderen Orte, an denen Agáta vor ihrem ersten Prager Engagement gelegentlich aufgetreten ist. Auf den ersten Blick habe sie gedacht, so Věra, sagte Austerlitz, die beiden Personen in der linken unteren Ecke seien Agáta und Maximilian – man könne sie ja [Abb.] in ihrer Winzigkeit nicht gut erkennen, aber dann habe sie natürlich gemerkt, daß es andere Leute sind, etwa der Impresario oder ein Zauberkünstler und seine Assistentin. Sie habe sich gefragt, was für ein Schauspiel gegeben worden war seinerzeit vor dieser furchterregenden Kulisse und habe gedacht, wegen des Hochgebirges im Hintergrund und der wüsten Waldlandschaft, entweder der Wilhelm Tell oder die Sonnambula oder das letzte Stück von Ibsen. Der Schweizer Knabe mit seinem Apfel auf dem Kopf ist mir erschienen; ich erlebte den Schreckensmoment, in dem der Steg nachgibt unter dem Fuß der Schlafwandlerin und ahnte, daß sich hoch droben in den Felswänden schon die Lawine löste, die die armen Verirrten (wie waren sie nur in diese öde Gegend gekommen?) gleich mit sich fortreißen würde in die Tiefe."[300]

Věra vermutet den Aufnahmeort „in der Provinz"[301]: Beide genannten Orte existieren zwar, auf der Fotografie jedoch ist nicht der geringste Anhaltspunkt für diese Vermutungen auszumachen.[302] Auch über den Zeitpunkt der Aufnahme gibt es keinerlei Informationen. Die altmodische Kleidung gibt keinen Aufschluss über den Zeitpunkt der Aufführung, da es sich um Bühnenkostüme handelt.[303]

Besondere Rezeption

Věras Sinnestäuschung nimmt die brennende Frage des Lesers und Austerlitz' vorweg, ob es sich bei den beiden Personen um Agáta und Maximilian handelt.[304] Die eingebettete Fotografie schürt im Leser und in Austerlitz (und zuerst, einen Augenblick lang, auch in Věra) die Hoffnung, dass sie doch nicht ganz verloren sind, dass wenigstens der Schatten ihres Abbildes in glücklichen Tagen noch erhalten geblieben ist, dass der Schmerz vom Verlust der Eltern durch den Holocaust ein wenig abzumildern sei. Wenigstens in dieser einen Fotografie der beiden Ermordeten könnte ihr Andenken bewahrt werden, würde ein Beweis ihrer Existenz fortleben, die die Nationalsozialisten völlig ausgelöscht haben.

300A 260ff.

301A 260.

302Eine Theaterbühne ist in ihrer Funktion als Plattform, die für jedes aufzuführende Stück neu gestaltet wird und so per definitionem ständiger Veränderung unterworfen ist, ein Ort ohne Merkmale, der so unmöglich als er selbst zu erinnern ist. Jegliches feststehendes Dekor (umrahmende Säulen etwa oder ein Orchestergraben), das auf das Theater als Ort hinweisen würde, sind auf der Fotografie abgeschnitten, nur die Bühne selbst ist sichtbar.

303Zur Inszenierung in Fotos bei Sebald siehe auch Kapitel II.

304Austerlitz gibt zuvor wieder, dass Věra den hohen Altersunterschied des Elternpaars unterstreicht: „meine um fünfzehn Jahre jüngere Mutter" (A 225) – dieser Altersunterschied ist auch bei den abgebildeten Personen zu vermuten.

Noch im selben Satz formuliert Věra die enttäuschende Antwort. An entscheidender Stelle ist er jedoch unterbrochen durch die Einbettung der Fotografie und einen Seitenwechsel. Dieser Umstand lässt den Leser noch den buchstäblichen Augenblick länger hoffen, da der Blick erst über die Fotografie springen muss, um den Satz zu Ende zu lesen. Die Unterbrechung des Fließtextes durch die Fotografie erfolgt exakt vor der Einschränkung „in ihrer Winzigkeit nicht gut erkennen“[305] – diese Zeile fungiert somit als Bildunterschrift. Diese Worte stellen in der direkten Rede Věras Entschuldigung für die fälschliche Identifizierung von Agáta Austerlitzová und Maximilian Aychenwald dar, doch sie spiegeln die Fotografie gleichsam, tautologisch verdoppeln sie die Winzigkeit. Der Effekt ist eine Beglaubigungsstrategie: Der Leser wähnt sich nun sicher, dieselbe Fotografie wie Vera zu sehen – denn für ihn wird ihr Fehler nachvollziehbar. Tatsächlich stehen die Figuren weder im Zentrum der Bühne noch der Fotografie, und durch die Waldlandschaft rücken sie noch stärker in den Hintergrund. Im Text wird so der Rezeptionsvorgang des Lesers in umgekehrter Reihenfolge gespiegelt: Auf den ersten Blick sieht der Leser die Menschen nicht, denn sie stehen im Abseits und gehen in der gemalten Bühnenkulisse unter. Erblickt er sie schließlich, erkennt er sie nicht, glaubt aber zu wissen, wer sie sind. Die Verwirrung des Blickes durch die in das Bühnenbild versinkenden Personen trägt dazu bei, die Menschen sehen zu können, von denen Věra nun so lange und so ausführlich erzählt hat. Vor dem gedanklichen Auge des Lesers sind sie bereits präsent und greifbar, das alte Foto dient als Folie für die eigene Projektion.

Věra aber, die einzige, die sie wirklich wiedererkennen kann, meint zuerst, sie zu erkennen, muss dann aber zugeben, dass sie sie doch nicht kennt. Genau wie der Leser *möchte* sie Austerlitz' Eltern sehen, also sieht sie sie auch, zumindest für einen Augenblick. Durch das Hin- und Herspringen des Blickes zwischen Fotografie und Text gerät der Leser und auch der schweigende Austerlitz in eine Verwirrung, aus der ihn Věras Projektion befreit.

Was an der Fotografie aber auf Austerlitz' Mutter hinweisen würde, könnte nur durch die konkrete Recherche nachgewiesen werden.[306] Ob Agáta die abgebildeten Personen gekannt hat, ob sie je auf genau dieser Bühne gespielt hat und ob es sich überhaupt um eine Aufnahme aus einem Stück handelt, das sie sah oder in dem sie mitwirkte, ist ungewiss. Nur der Umstand, dass sie sich in einem Buch Agátas befunden hat und so durch einen glücklichen Umstand vor den beschriebenen Raubzügen der Nazis gerettet werden konnte, stellt die Verbindung zur ermordeten Besitzerin dieses Buches her.[307]

Um aber das Foto mit der Mutter zu verknüpfen, es einzuordnen in ihre Lebensgeschichte bedarf es eines Kontextes, einer *Definition* nach Sontag:

305A 265.

306Diese beriefe sich auf die Einzigartigkeit *dieser* Szene vor *diesem* Bühnenbild (in *dieser* Aufführung), die sie womöglich bloß gesehen, an der sie aber auch mitgewirkt haben könnte. In jedem Fall wäre es möglich, dass sie sich hinter der Bühne, im nicht einzusehenden Bereich der Fotografie befunden hat oder selbst die Fotografin der Aufnahme gewesen ist.

307Siehe 3.2.3.

„Es kann kein fotografisches oder sonstiges Beweismaterial für ein Ereignis geben, solange das Ereignis nicht als solches definiert und charakterisiert worden ist. Und niemals kann fotografisches Beweismaterial Ereignisse konstruieren, genauer gesagt: identifizieren; der Beitrag der Fotografie zur Beweisführung eines wie auch immer gearteten Ereignisses, erfolgt immer erst, *nachdem* ein Ereignis als solches definiert wurde."[308]

Dieser Kontext fehlt, weder Austerlitz (der zum Zeitpunkt der Aufnahme noch nicht auf der Welt war) noch Vĕra (die die Mutter noch nicht gekannt hatte) können etwas zu seiner Rekonstruktion beitragen. Sie kann das Bild nicht erklären, kann keinerlei Informationen über das Sichtbare hinaus geben. Die Fotografie kann nicht erfüllen, was Austerlitz, Vĕra und der Leser sich von ihr erhoffen. Alles Erinnerte ist bereits gesagt. Vĕras Erzählung ist zu Ende. Das Foto sollte die Lücke füllen, die noch immer in Agátas Biografie klafft, doch es vermag keine konkrete Information zu ihrer Person beizutragen.
Für sie und auch für den Leser ist die Unsichtbarkeit, die Abwesenheit der Mutter das *punctum*[309] der Fotografie – sie ist nicht zu sehen, aber sie ist in ihrem Kontext zu vermuten durch die äußeren Umstände der Auffindung des Fotos, die *auf sie verweisen.*
Das Erzählen übernimmt nun wieder Vĕra, doch dies ist nicht mehr ihre Erzählung, sondern die Nacherzählung einzelner Szenen aus drei ihr in Erinnerung gekommenen Stücken. Vĕra vollzieht jenes auf literarischer Ebene nach, was Austerlitz zuvor auf historiografischer Ebene getan hat – sie setzt an die Stelle der fehlenden Erinnerungen eine aus ihrem Wissen gespeiste Deckerinnerung. Der Kontext „Theaterbühne" und der Auffindungsort „literarisches Werk" dienen ihr hierbei als Sprungbrett weg von der Enttäuschung über die falschen Personen. Der fiktive Rahmen lädt sie ein, erneut in das Erzählen einzutauchen – doch erzählt sie diesmal keine wahren Geschichten, sondern literarische. Tennstedt spricht von einem „fiktionsironischen Moment", das durch die Aufnahme evoziert werde, da die Bühne einen „Illusionsraum"[310] darstellt. Dieser Illusionsraum wird als ein fiktiver Kontext verstanden, die beiden Betrachter imaginieren wie Zuschauer das Schauspiel vor ihren Augen. Die „furchterregende Kulisse" scheint mit Vĕra zu sprechen, damit kann sie etwas verbinden. Der „Gehalt" des Fotos an Fiktionalität, seine kulturelle, symbolische und allgemeingültige Aussage ist gerade in ihrer Eigenschaft der Mehrdeutigkeit eine willkommene Projektionsfläche für Vĕra. Die Fiktionalisierung des Fotos entsteht auf der Erzählebene, trotz seiner nichtssagenden Motivik gibt es Vĕra Anlass, zu erzählen.

Prätexte als Leseanleitung – weg von Agáta hin zur rettenden Literatur

Der Leser bekommt durch die Rezeption im Text eine Lesart des Fotos vorgegeben. Vĕra folgt dem Appell, zu erzählen, der von Fotos ausgeht[311] – sie versucht, das Foto zu erzählen, weil sie die

308Susan Sontag: *Über Fotografie*. S.24.
309Wie schon Roland Barthes wegen der hohen Persönlichkeitsbezogenheit des *punctums* die Fotografie seiner Mutter nicht zeigen kann (*Die helle Kammer*, S.77ff.), bleibt auch Austerlitz, Vĕra und dem Leser das Foto von Agáta vorenthalten.
310Antje Tennstedt, *Annäherungen an die Vergangenheit*, S.121.
311„[Mir ist] aufgefallen, dass von diesen Bildern ein ungeheurer Appell ausgeht; eine Forderung an den Beschauer, zu erzählen oder sich vorzustellen, was man, von diesen Bildern ausgehend, erzählen könnte." W.G. Sebald/Christian Scholz: *„Aber das Geschriebene ist ja ein wahres Dokument"*, S.54.

Notwendigkeit verspürt, diesem verheißungsvollen Überrest aus der Vergangenheit von Austerlitz' Mutter einen Sinn zu geben und es in einen Kontext zu setzen. Sie geht den entscheidenden Schritt über das Sichtbare hinaus, indem sie die Abgebildeten in Szenen aus den drei dramatischen Stücken setzt, die – so denkt sie – zu diesem Bühnenbild passen. Dies bedeutet, dass die Szene des Stücks, in das sie sich hinein versetzt, schon nicht mehr der abgebildeten vergangenen Wirklichkeit entsprechen, sondern die Betrachterin sogleich in eine fiktionale Überwirklichkeit hinübergleitet, die in dem Rahmen der Abbildung des Bühnenbildes gegeben ist. Es kann nichts Persönliches mehr sein, mit dem hier die Lücke um das Elternpaar aufgefüllt wird, denn es handelt sich um sehr bekannte Stücke von bekannten Autoren, die auch jeder Deutsche kennt: Henrik Ibsen (1828-1906), Friedrich Schiller (1759-1805) und dem Komponisten Vincenzo Bellini (1788-1865). Nur die Szenen der hereinbrechenden Katastrophe sind erwähnt – die Handlung der Stücke wird nicht genannt. Stattdessen schwelgt Věra in einer Vision und versetzt die beiden Figuren in die Katastrophe des letzten Stückes *Wenn wir Toten erwachen*, sie ahnt den Abgang der Lawine, die die beiden Protagonisten Rubek und seine frühere Geliebte Irene unter sich begraben wird. Natürlich ist diese Lawine eine Metapher für die Shoah, die unaufhaltsam auf Agáta zurollt und ihr Leben und jenes Millionen anderer Juden vernichten wird.

Die Schauspieler in Winterkleidung, die zufällig etwa im selben Alter sein müssten, wie Austerlitz' Eltern zur damaligen Zeit, sowie die Bühne in ihrer eindrucksvollen Winterlandschaft halten her als eine Folie zum Erzählen für die beiden, um sich unter der Fotografie etwas vorstellen zu können. Duttlinger stellt die Verbindung zwischen der Träumerei Věras mit der Fotografie folgendermaßen her:

> "The picture's impact on the viewers – Vera and Austerlitz – is diminished neither by the anonymity of the sitters nor by its openly artificial, staged setting. On the contrary, the viewer's imaginary, hallucinatory response is inextricably linked to the picture's theatricality: the painted backdrop and the two anonymous sitters who are imagined as an 'impresario, or a conjuror and his woman assistant'. Because of their resemblance to Austerlitz's parents, they come to act as their substitutes in various catastrophic scenarios imagined by the viewers. The stage becomes a realm for the projection of various accidents, catastrophes and misfortunes, all of which are derived from the dramatic repertoire. The photograph's theatricality and the anonymity of the sitters are thus crucial in enabling the viewers, especially Austerlitz, to find an expression for the traumatic and inherently unrepresentable fates of his parents Agáta and Maximilian."[312]

Věras und Austerlitz' Mutmaßungen und ihre entfesselte Fantasie knüpfen an den zuvor schon in zahlreichen Episoden eingestreuten, hier zur Vollendung gebrachten Beziehungswahn[313], von dem nicht nur der Erzähler und Austerlitz, sondern nun auch Věra befallen zu sein scheint. Dieser Beziehungswahn schlägt sich in diesem Falle nieder in der unbedingten Gedächtnis-Spurensuche nach einer eigenen Verbindung zu dem Motiv dieser Fotografie. Der übergeordnete Rahmen, den aber das

312Carolin Duttlinger, *Traumatic photographs*, S.163.

313Marcel Atze nennt die Begriffe „Beziehungswahn" und „Similaritätsrelation" (*Koinzidenz und Intertextualität. Der Einsatz von Prätexten in W.G. Sebalds Erzählung „All'estero"*. In: Franz Loquai (Hg.): *W.G. Sebald*. Isele, Eggingen 1997, S.151-175), Anne Fuchs spricht von einer „Vernetzungsästhetik" (Anne Fuchs: *Die Schmerzensspuren der Geschichte*.), in jedem Fall kann hier von einem „Leitprinzip der Sebald'schen Prosa" gesprochen werden (Hoffmann/Rose, *„Quasi jenseits der Zeit"*, S.592.).

Foto nicht sichtbar machen kann, ist das Theaterstück, in dem die beiden Schauspieler agieren. Věra nennt gleich drei Stücke, die ihr einfallen „wegen des Hochgebirges im Hintergrund und der wüsten Waldlandschaft“[314], sie *beschreibt*, was sie sieht:

> „[D]ie Verbindung von Beschreibung und Erzählung ist [es], in der Sebald den angemessenen Modus der literarischen Auseinandersetzung mit Vergangenheit erblickt. Der Beschreibung eignet die Hinwendung zum Detail. Die Beschreibung oder gar die beschreibende Einfühlung in ein Geschehen oder einen Sachverhalt scheinen einen gleichsam heilenden Effekt nach sich zu ziehen. Denn es ist ja von der Überwindung des Unglücks die Rede. [...]“[315]

Durch die Versprachlichung des Bühnenbildes wird also die Reflexion ausgelöst. Der Zusammenhang „Theater“ reißt die Abbildung aus ihrer jeweiligen Zeit heraus, da der Rahmen des Theaterstückes ein fiktiver Zeitrahmen ist. Alle drei Stücke, sowohl Friedrich Schillers *Wilhelm Tell* als auch Vincenzo Bellinis *La sonnambula* und Henrik Ibsens *Wenn wir Toten erwachen*, werden noch heute aufgeführt. Es handelt sich um kanonisierte Stücke von berühmten, zeitlosen Autoren aus unterschiedlichen Epochen, die im kulturellen Gedächtnis vorhanden sind.

Auf die Aufführung selbst könnte nur die Identität der Schauspieler (jenseits der Figuren, die sie spielen) und das besondere Bühnenbild eines mutmaßlich bekannten Bühnenbildners verweisen – beide Informationen kann Věra nicht geben, die Menschen auf dem Foto bleiben namenlos, sie sind bloß noch die Figuren, die sie darstellen – als solche aber unsterblich:

> „Insofern die Fotografie in Sebalds Prosa die Wirklichkeit nicht nur erschließt, sondern auch verrätselt, ist sie ein nekrologischer Gedächtnisort, der durch die Suspension der Zeit besonders dazu taugt, Erinnerung als *mémoire involontaire* auszulösen.“[316]

Somit kommt dem fiktionalen Inhalt der weiterhin aufgeführten Stücke, die die Figuren (auf die Bühne) zurück kehren lassen, eine über die Fotografie hinaus gehende Bedeutung zu. Sie sind der Anknüpfungspunkt, über den Austerlitz versucht, dem Schicksal seiner Mutter nachzuspüren, und sie sind ihm und auch Věra dermaßen vertraut, dass er sogar einzelne Szenen, jene nämlich, die mutmaßlich vor einer Kulisse wie der abgebildeten spielen könnten, nachsinnen kann. Sie sind die Deckerinnerung, die sich aus dem angelesenen Wissen speist, nicht aus singulärem, persönlichem Wissen. Austerlitz und Věra versinken schließlich in dem Gedanken daran, dass in den Stücken selbst etwas von Agáta steckt, die ja Schauspielerin war. Die Fiktion des Schauspiels und die Aufladung der abgebildeten Personen durchdringen einander.

Das Foto selbst wird damit zum Andenken, dabei ist nunmehr egal was es abbildet – da es durch ihre Hände gegangen ist, bleibt es mit ihr verbunden. Das Motiv muss vom Betrachter aufgeladen werden, durch dessen Projektion, seine Imagination und sein Weltwissen, da für die „Rekonstruktion“ der Mutter nichts Erinnertes vorhanden ist. Auch andere persönliche Dinge sind Austerlitz nicht mehr

---

314A 265.
315Claudia Öhlschläger: *Beschädigtes Leben. Erzählte Risse*, S.13.
316Anne Fuchs: *Die Schmerzensspuren der Geschichte*, S.77.

zugänglich; kein Amulett, kein Taschentuch, kein Buttermesser existiert mehr, an dem die Spuren der Mutter bis in die Gegenwart überdauert hätten.

Verknüpfung Text und Bild

Um die Verknüpfung von Text und Bild in diesem besonderen Fall näher beleuchten zu können, werden hier die Umstände dargelegt, durch die Austerlitz in Besitz dieser für ihn wertvollen und einzigen Fotografien seiner Kindheit kommt.

Über Tage hinweg berichtet Věra Austerlitz, der schließlich den Ort seiner Kindheit wieder gefunden hat, aus ihrer Erinnerung, wie sie die Freundschaft zu seinen Eltern seit deren Einzug in der nachbarschaftlichen Wohnung erlebte, von ihrer Aufgabe als sein Kindermädchen und ihrer tiefen Zuneigung zu dem kleinen Jungen. Sie erzählt von ihm selbst, von seiner ausgeprägten Beobachtungsgabe, seiner Sprachgewandtheit und den gemeinsamen Ausflügen.

Diesem ersten Teil folgt eine Pause von zwei Tagen in Věras Erzählung.[317] Austerlitz gibt diese chronologisch wieder: Er sucht in dieser Zeit an den von Věra erwähnten Orten, im Ständetheater und im Seminargarten nach Kindheitserinnerungen, die langsam in ihm erwachen. Nach dem vom Erzählen und Vorlesen geprägten ersten Abschnitt der Begegnung mit Věra sucht Austerlitz auf einen einsamen Spaziergang nach den Spuren seiner Vergangenheit, hier werden zwei weitere Bilder[318] eingebettet. Dem wortlosen Erinnern steht die Stille der Fotos, der Wurzeln und Blumen im Schönborngarten als Ort des Schweigens im Ikonotext gegenüber. Diese Orte in der Natur, die Austerlitz mit seinem Kindermädchen regelmäßig aufsuchte, repräsentieren das sich selbst stets wieder hervorbringende Leben, das unbeirrbar weitergeht.

Austerlitz unterbricht dann seinen Bericht, um dem Erzähler sein Nachtquartier zu zeigen. Auch zwischen dem Erzähler und Austerlitz setzt also Schweigen ein. Ersterer beschreibt lediglich noch seine Entdeckung „de[s] sterblichen Rest[es] einer der hier in diesem Haus [...] an das Ende ihres Lebens gekommenen Motten“[319] in den Bakelitdosen, bevor auch er sich schlafen legt. Des Erzählers Schlaf begleitet eine musikalische Untermalung durch das Radio. Und erst nachdem mit der einsetzenden Nacht der Handlungs- und Erzählstrang vollständig zum Erliegen gekommenen ist, setzt Austerlitz' Wiedergabe von Věras Ausführungen wieder ein.

Diesem Herunterbrechen der *inquit*-Formeln, die die Erzählung *Austerlitz* über weite Teile prägen, kommt eine besondere Bedeutung zu: Sebald setzt keinen Absatz, und doch bekommt der Leser durch die Verlangsamung des Erzähltempos, die stagnierende Handlung (zuletzt nur noch das passive Hören) und das Zelebrieren des Zubettgehens den Eindruck eines einschlafenden Erzählablaufs. Stille und

317Er wird so abgetrennt vom zweiten Teil der erinnernden Erzählung Věras, von der Zeit nach seinem und vor Agátas Weggang .
318A 234f. Die Fotos werden hier kurz aufgrund ihres sinnbildlichen Charakters erwähnt: Sie zeigen das verschlungene Wurzelwerk eines Baumes und eine frühlingshafte Parklandschaft mit Anemonen.
319A 237.

Verschwiegenheit trennen so die Familienidylle vor dem Krieg von der privaten Katastrophe in der Zeit der Belagerung Prags durch die Nationalsozialisten.

Věra erzählt sodann „ausführlicher" von den Eltern, „von ihrer Herkunft [...] und von der innerhalb weniger Jahre erfolgten Vernichtung ihrer Existenz"[320]. Die letzten Informationen betreffen eine kurze Zeitspanne nach dem Abtransport der Mutter, in der die Wohnung von den Nazis geräumt und von einem Kammerjäger desinfiziert worden ist. Erst dann zeigt sie Austerlitz die Fotografien. Sie stammen – so suggeriert es der Text zunächst – scheinbar aus der schlimmen, auf ein furchtbares Ende sich zuspitzenden Zeit, die die Familie auseinander riss. Ihre Motive sind Menschen, zugleich unwiederbringlich und persönlich, die in ihrer Determiniertheit auf jedem Foto ihren Tod mit abbilden. Die Lücke, die in Austerlitz' Wesen klafft, liegt zwischen der letzten Ahnung von der gedankenlosen, glücklichen Zeit und dem Kindertransport selbst mit der einsetzenden Verdrängung.

In ihrer Erzählung fasst Věra zunächst die Zeit zwischen 1933 und 1939 zusammen, jene Zeit, in die Austerlitz' Geburt und frühe Kindheit fällt. Für diese Beschreibungen und Ausführungen Věras über diese ereignisreiche und intensive Zeit verwendet der Autor acht Seiten. Die ungleich längere Zeit von nahezu sechzig Jahren, die sie selbst nach dem Verlust ihrer Nachbarin und Freundin zugebracht hat, wird von ihr nicht erwähnt.

5.1.3.2 Der Page der Rosenkönigin

Eine besondere Stellung erhält die Fotografie *Der Page der Rosenkönigin* durch den Umstand, dass sie als einzige unter allen Fotos der Prosawerke Sebalds als Titelfoto für den Bucheinband der Erstausgabe ausgewählt wurde. Auf dem Titelbild ist sie vergrößert reproduziert und in Farbe zu sehen, die Abbildung im Text erfolgt allerdings in Schwarzweiß. Věra leitet die Fotografie ein mit den Worten:

> „Ja und das hier, auf der anderen Photographie, sagte Věra nach einer Weile, das bist du, Jacquot, im Monat Feber 1939, ein halbes Jahr ungefähr vor dei-

320A 239.

ner Abreise aus Prag. Du durftest Agáta auf einen Maskenball begleiten im Haus eines ihrer einflußreichen Verehrer, und eigens zu diesem Anlaß wurde das schneeweiße Kostüm geschneidert für dich."[321]

Die außergewöhnliche Dichte des Pronomens „Du" in dieser Passage, das in Sebalds Werk einzig an dieser Stelle vorkommt, verknüpft den Menschen auf dem Foto mit der fiktionalen Figur Austerlitz und gibt seiner Vergangenheit ein Gesicht. Věra hebt das Du hervor, das situationsbedingt einer weiteren Konnotation nicht bedarf, setzt die mit der Kindlichkeit des Abgebildeten einher gehende, stark positiv besetzte Koseform des Namens hinzu – eine Ekphrasis hingegen ist nicht nötig. In ihren Augen bedarf nur das Kostüm einer Erklärung, die sie geben kann, weil sie sich erinnert. Die Erinnerung und die Evidenz des Fotos beglaubigen einander in diesem glücklichen Fall, die Auffindung des Fotos und ihr Kommentar belegen, dass Věra die Wahrheit gesagt hat und tatsächlich Austerlitz' Kindermädchen war. Die Beteuerung des Umstands, dass die Eltern für ihn ein Kostüm haben anfertigen lassen – dass also der kleine Junge Jacques einmal so sehr im Mittelpunkt des Lebens eines anderen Menschen gestanden hat, ist für Věra keine weitere Reflexion wert – sie erinnert sich ja. Der gedächtnislose Austerlitz aber steht fassungslos der Tatsache gegenüber, dass ihm die Erinnerung an die Liebe seiner Eltern verwehrt bleibt, die sich Věra in dem Foto erschließt:

„An mich selber in dieser Rolle erinnerte ich mich nicht, so sehr ich mich an jenem Abend und später auch mühte. Wohl erkannte ich den ungewöhnlichen, schräg über die Stirne verlaufenden Haaransatz, doch sonst war alles in mir ausgelöscht von einem überwältigenden Gefühl der Vergangenheit. Ich habe die Photographie seither noch vielmals studiert, das kahle, ebene Feld, auf dem ich stehe und von dem ich mir nicht denken kann, wo es war; die dunkel verschwommene Stelle über dem Horizont, das an seinem äußeren Rand gespensterhaft helle Kraushaar des Knaben, die Mantille über dem anscheinend angewinkelten oder, wie ich mir einmal gedacht habe, sagte Austerlitz, gebrochenen oder geschienten Arm, die sechs großen Perlmuttknöpfe, den extravaganten Hut mit der Reiherfeder und sogar die Falten der Kniestrümpfe, jede Einzelheit habe ich mit dem Vergrößerungsglas untersucht, ohne je den geringsten Anhalt zu finden." 267f.

Austerlitz, der seine Erinnerungstätigkeit ein Leben lang unterdrückt hat, findet keinen Zugang zu dem Pagen auf dem Foto. Seine Beschreibung ist minutiös und detailverliebt, wie es für Austerlitz typisch ist. An diesem Beispiel entfaltet sich seine Herangehensweise an die Welt, die jeglichem emotionalen Zugang zur abgebildeten Vergangenheit entsagt. Das Medium Fotografie, das doch so dicht ist, dass nichts anderes, keine Erinnerung darin einen Platz findet, entfremdet ihn gleichzeitig seinem jüngeren Abbild:

"[...] the photographer's realisation of the pictures' significance is characterised by a notion of belatedness, and involves only a sense of emptiness rather than any positive realisation."[322]

Die Maskerade des Jungen auf dem Foto verhüllt seinen Körper und gibt ihm gleichzeitig eine zusätzliche Bedeutung, einen anderen Namen: den des Pagen. In dieser Rolle nimmt Austerlitz den Jungen auf dem Foto wahr, er ist nicht „ich" für ihn, sondern eben der Page der Rosenkönigin, denn „die Verkleidung des Jungen kündigt bereits das Spiel mit Authentischem und Konstruiertem an."[323]

321A 262f.
322Carolin Duttlinger: *Traumatic Photographs,* S.159.
323Antje Tennstedt: *Annäherungen an die Vergangenheit,* S.129.

Ebenso konstruiert wie das Kostüm, so künstlich wie der Maskenball kommt Austerlitz dieses „Du“ von Věra vor. Die Lücke, die zwischen der Betrachtung des Fotos und dem Ereignis Maskenball klafft, ist von ihm nicht zu schließen.

> „Das einzige Bild also, das Austerlitz von sich selbst aus seiner verlorenen Kindheit besitzt, kann gerade nichts außer der Tatsache, daß es vergangen ist, vermitteln.“[324]

Die Betrachtung des Fotos, so genau sie auch sein mag, bringt die von ihm verdrängte, schließlich vergessene Vergangenheit nicht wieder, die abgeschlossene, weil vergessene Existenz des Pagen wird für Austerlitz nur im abgelichteten Augenblick erfahrbar. Dadurch bricht sich in Austerlitz ein Bewusstsein Bahn für die zu ihm zwar gehörende, aber unwiederbringlich verlorene, glückselige Kindheit, die mit seiner Heimat und den ermordeten Eltern verbunden ist. Er selbst fühlt sich schuldig durch seine Noch-Existenz, seinen Weggang und seine jahrzehntelange Ignoranz des eigenen Schicksals.[325] Dieses Schuldgefühl entlädt sich dem Pagen gegenüber – in der Betrachtung der Vergangenheit vor dem Hintergrund des Wissens, was danach kommt.

Austerlitz' vom Willen geleitete Untersuchungen an der Fotografie steht die *mémoire involontaire* in der *Liverpool Street Station* gegenüber, die in ihm die Ahnung von seiner wahren Vergangenheit ausgelöst hat:

> „[...] Erinnerungen, hinter denen und in denen sich viel weiter noch zurückreichende Dinge verbargen, immer das eine in das andere verschachtelt [...]“[326]

Doch diese Verschachtelung funktioniert nicht bei der echten Fotografie, es wird nichts ausgelöst, weil alles verdrängt wurde und weil der kleine Austerlitz sich an der Schwelle zu der Lebenszeit befindet, an der sich Erinnerung überhaupt erst einzustellen beginnt.

> „Tatsächlich hatte ich das Gefühl, als enthalte der Wartesaal, in dessen Mitte ich wie ein Geblendeter stand, alle Stunden meiner Vergangenheit [...] Vielleicht sah ich darum auch in dem Halbdämmer des Saals zwei im Stil der dreißiger Jahre gekleidete Personen mittleren Alters, [...] ich sah auch den Knaben, den sie abholen gekommen waren. Er saß für sich allein seitab auf einer Bank. Seine Beine, die in weißen Kniesocken steckten, reichten noch nicht bis an den Boden, und wäre das Rucksäckchen, das er auf seinem Schoß umfangen hielt, nicht gewesen, ich glaube, ich hätte ihn nicht erkannt. So aber erkannte ich ihn, wegen des Rucksäckchens [...]“[327]

Beschriftung

Eine eklatante Besonderheit dieser Fotografie ist jener intradiegetisch festgestellte, *nicht abgebildete* Umstand, dass sie als einzige auf der Rückseite beschriftet ist.

> „Jacquot Austerlitz, páže růžové královny, steht auf der Rückseite geschrieben in der Hand deines Großvaters, der damals gerade zu Besuch gewesen ist. Das Bild lag vor mir, sagte Austerlitz, doch wagte ich nicht, es anzufassen. Andauernd kreisten die Worte páže růžové královny, páže růžové královny in meinem Kopf, bis mir aus der Ferne ihre Bedeutung entgegenkam und ich das lebende Tableau mit der Rosenkönigin und dem kleinen Schleppenträger zu ihrer Seite wieder sah.“[328]

324Alexandra Tischel: *Aus der Dunkelkammer der Geschichte,* S.36.

325„Seit meiner Kindheit und Jugend [...] habe ich nicht gewußt, wer ich in Wahrheit bin. [...] eine meiner Denkfähigkeit vor- oder übergeordnete [...] Instanz [bewahrte] mich vor meinem eigenen Geheimnis [...] und [hielt] mich systematisch davon [ab], die naheliegendsten Schlüsse zu ziehen und [...] Nachforschungen anzustellen.“ A 64f.

326A 196.

327A 196f.

328A 263.

Über die Sprache findet Austerlitz schließlich einen Zugang zu dem Ereignis, dessen Teil er gewesen ist. Der Akt des Verstehens ist hier verbildlicht: Bevor Austerlitz die Bedeutung klar wird, befinden sich die Worte in einer kreisenden Bewegung – um ihn herum, ohne dass er Zugriff zu ihnen hat – sie sind in einer gewissen Distanz unerreichbar. Als der Moment des Verstehens eintritt, „kommt ihm die Bedeutung entgegen“ - ein Vorgang, der beim Spracherwerb als 'Verinnerlichen' bezeichnet wird. Mit der Erinnerung an die Wortbedeutung kommen die Bilder zurück, die Austerlitz mit ihnen abgespeichert hatte. Die Verinnerlichung der Worte hat aber nicht die Verinnerlichung der Bilder zur Folge – der Bruch auf der Ebene der Visualisierung wird nicht überwunden.

Věras Erzählung und die aufgefundenen Fotografien – zwei Gegensätze

Die Erzählung Věras, die der gleichzeitig erfolgenden Abbildung im Buch und dem intradiegetischen Akt des Vorlegens der Fotografien vorausgeht, ist eine Zusammenfassung der frühesten Lebenszeitspanne, die Austerlitz über Jahrzehnte verdrängt hat. Diese Zeit ist verbunden mit dem Ort Prag und den Menschen um ihn herum, die ihn aufziehen. Beides wird er nach dieser Zeitspanne verlassen und nicht wiedersehen. Es handelt sich um die „heile“ Welt des Kindes, das am richtigen Ort, nämlich bei Vater und Mutter, aufwächst. Es prägt eine gesunde Neugier aus, lebt seinen Drang unwillkürlich und unbewusst, von der eigenen Wahrnehmung zu erzählen, es ist ein geliebtes, geachtetes Kind mit einem knospenden Selbstbewusstsein. All dieses Wissen um die eigene Person ist dem Kind, das bei der Predigerfamilie in England aufwächst, abhanden gekommen. Um die ersten Lebensjahre erinnern zu können, ist es für Austerlitz unerlässlich, die Orte aufzusuchen – den eigenen Körper zum Erinnerungsort zurückzuführen.

> „Und so, sagte Austerlitz, habe ich, kaum daß ich angekommen war in Prag, den Ort meiner ersten Kindheit wiedergefunden, von dem, soweit ich zurückdenken konnte, jede Spur in meinem Gedächtnis ausgelöscht war. Schon beim Herumgehen [...] und vollends wie ich, Schritt für Schritt bergan steigend, die unebenen Pflastersteine der Šporkova unter meinen Füßen spürte, war es mir, [...] als eröffnete sich mir, nicht durch die Anstrengung des Nachdenkens, sondern durch meine so lange betäubt gewesenen und jetzt wiedererwachenden Sinne, die Erinnerung.“[329]

Die Erinnerungstätigkeit entfaltet sich voll, als Věra beginnt, Austerlitz von früher zu erzählen. Als sie in ihre Muttersprache Tschechisch wechselt, erinnert sich Austerlitz gar an die in ihm verschüttet gewesene Sprache:

> „[...] und ich [...] verstand nun wie ein Tauber, dem durch ein Wunder das Gehör wieder aufging, so gut wie alles, was Věra sagte [...]“[330]
>
> „[...] diese und andere Bilder mehr [...] reihten sich nun eines an das nächste, und so tief versunken und verschlossen sie in mir gewesen sind, so leuchtend kamen sie mir nun wieder in den Sinn [...]“[331]
>
> „[...] ich sah Věra, wie sie damals gewesen war [...] Ich konnte mir mit der kleinsten Willensbewegung alles vorstellen [...]“[332]

329A 216.
330A 223.
331A 225.
332A 226.

Amelunxen stellt heraus, dass sich Erinnerung während des Erzählens einstellen kann, da ihr durch die Eigenschaft der Kontinuität (im Gegensatz zur Simultaneität des Bildes bzw. Fotos) die Struktur der Zeit selbst innewohnt:

> „Vergangenheit, Gegenwart und Zukunft werden in der Sprache verdichtet, nicht dem Bild, sondern der erinnerten Anschauung rückerstattet."[333]

Auch Věras Erinnerungstätigkeit hat sich verdichtet, seit sie die Wohnung nur noch selten verlässt:

> „Seit ich nicht mehr so gut aus dem Haus gehen kann und darum fast nichts Neues mir mehr begegnet, sagte Věra, kehren die Bilder, die uns damals so sehr erfreuten, mit zunehmender Deutlichkeit, quasi als Phantasien in mir zurück."[334]

Sie selbst präzisiert also, dass mit der Unzugänglichkeit neuer Erlebnisse die lang zurückliegenden Erinnerungen umso deutlicher aus dem Gedächtnis aufsteigen.

Doch während Austerlitz' Suche nach der eigenen Vergangenheit durch Aufsuchen der Orte und durch das gesprochene Wort beständig Fortschritte gemacht hat, kommt die spontane, dem proust'schen Madeleine-Erlebnis[335] ähnliche Erinnerungstätigkeit gerade dann an ihr Ende, als er sich auf der Fotografie tatsächlich selbst in dieser Vergangenheit sieht. Jedoch findet er sich nicht wie bei Proust als Mensch in der vergangenen Zeit wieder, sondern blickt entfremdet auf sein im Foto festgehaltenes vergangenes Ich.

Auf den beiden Fotografien kann man die Dinge, die diese Kindheit umranken und die Wirklichkeit des fünfjährigen Austerlitz konstituieren, nicht sehen.[336] Nichts von den Inhalten aus der Erzählung Věras ist auf den Fotos abgebildet. Weder belegen sie die Lebensgeschichte der Mutter und des Vaters, noch können sie die Momente abbilden, die ihren Leben die Richtung gaben, nicht den Moment der Begegnung der Eltern, nicht Austerlitz' Weggang, nicht die Spaziergänge mit Věra. Austerlitz' Erinnerung und die Fotos klaffen auseinander.

Trotzdem gelingt es Věra und Austerlitz im Falle der ersten Fotografie, über den fiktiven Umweg der Theaterstücke ein Gedenken abzulesen, ja sogar ein gemeinsames Gedenken zu erleben, das beide mit den verstorbenen Eltern verbindet, und dies ohne jedes konkret auf sie hinweisende Moment. Die Vergegenwärtigung der Toten gelingt im einen Fall, in dem das Motiv isoliert wird und ohne gerettetes Erinnerungsbild in der Gegenwart auskommen muss. Dem gegenüber steht die andere Fotografie, die einen Bezugspunkt in der Gegenwart hat, nämlich den lebendigen Austerlitz. Obwohl Věra dem Foto sogar noch einen zeitlichen und entstehungsgeschichtlichen Rahmen geben kann, wird durch Austerlitz' fehlende Erinnerung die Lücke nicht geschlossen, die das Foto in der Erzählung reißt. Der Leser ist

333Hubertus von Amelunxen: *Die aufgehobene Zeit. Die Erfindung der Photographie durch William Henry Fox Talbot.* Nishen, Berlin 1988, S.44.

334A 227.

335Marcel Proust: *Auf der Suche nach der verlorenen Zeit.* Band 1: *Unterwegs zu Swann.* Suhrkamp. Verlag, Frankfurt am Main 1994. S. 66ff.

336Demgegenüber stehen die Fotografien vom Geländer, der Mosaikblume, dem Wurzelwerk und dem Schönborngarten mit Anemonen: A 221f., A 238f.

interessiert daran, wie Austerlitz diesen Maskenball erlebt hat, ob er mit seiner Mutter getanzt und welches Kleid sie angehabt hat – doch diese Inhalte wurden in Austerlitz' Gedächtnis verdrängt und schließlich ausgelöscht, es bleibt eine Leerstelle. Das Foto gehört, so möchte man hinzufügen, eigentlich zum privaten Fotomaterial, das zusammen mit der „gesamten Hinterlassenschaft“[337] der Familie Austerlitz/Aychenwald von den Nationalsozialisten gestohlen und vernichtet worden ist. So wie die anderen Fotos nicht mehr zurückzubringen sind, so ist auch dieses Foto aus seiner absoluten Vergangenheit nicht mehr zu retten.

Austerlitz wird nun spürbar bewusst, dass er seinen Anspruch auf einen „Platz in der Wirklichkeit“[338] tatsächlich für immer verloren hat, da ihn der Page auf dem Foto noch immer inne hat. Somit steht das Foto als der letzte Überrest aus dem Lebensabschnitt bei Mutter und Vater für einen Austerlitz, in dessen Leben noch keine Shoah eingedrungen ist, und konserviert ihn für die Ewigkeit. Der gealterte Austerlitz aber ist auf mehreren Ebenen von diesem glücklichen Jungen getrennt: durch die verlorene Zeit, durch das Ereignis des (das Trauma auslösenden) Kindertransports und auch durch den Akt des Weggangs, die Entfernung vom richtigen Ort selbst. Er kann sich die Zeit der Aufnahme nicht mehr vergegenwärtigen, sondern sie nur wahrnehmen:

> „Vergegenwärtigung ist das Gegenteil von Wahrnehmung […] Man ist versucht, die Photographie nicht als ein Symbol der Erinnerung zu sehen, […] sondern vielmehr als Chiffre der Vergeblichkeit einer jeglichen Re-Präsentation.“[339]

Die Wahrnehmung verwandelt sich nie in eine Erinnerung, auch wenn sie mit der für Austerlitz typischen, großen Sorgfalt und Hingabe ausgeübt wird.[340]

5.1.3.3 Der vergessene Fundort der Fotografien

Věra findet die beiden Fotografien an jenem Tag, an dem Austerlitz das Ständetheater besichtigt und sich in einer kurzen Vision an seine Mutter erinnert. Ihr Erinnerungsbericht scheint bis zu diesem Zeitpunkt einheitlich und lückenlos. Die Auffindung der Fotos jedoch ist ihr entfallen:

> „[...] Photographien, die sie am Vorabend durch einen Zufall wiederentdeckt hatte in einem der fünfundfünfzig karmesinroten Balzacbände, der ihr, sie wisse gar nicht mehr, wie, in die Hand geraten war. Věra sagte, sie entsinne sich nicht, die Glastüre aufgesperrt und das Buch aus der Reihe der anderen herausgenommen zu haben, sondern sehe sich nur hier in diesem Lehnstuhl sitzen und die Seiten umwenden […] Wie die beiden Bilder zwischen die Seiten gelangt waren, sei ihr ein Rätsel, sagte Věra.“[341]

Die Fotos sind also echte *objets trouvés,* wiedergefundene Dinge, die erst durch den Auffindenden (erneut) Bedeutung erhalten und ihn in der Gegenwart den Zauber ihrer Vergangenheit erahnen und

337A 263.
338A 265.
339Hubertus von Amelunxen: *Die aufgehobene Zeit. Die Erfindung der Photographie durch William Henry Fox Talbot.* Nishen, Berlin 1988, S.45.
340Austerlitz sagt, er habe die Fotos „noch vielmals studiert“, A 263.
341A 260.

imaginieren lassen.[342] Věra kann sich an die Momente der Einlegung und der Auffindung nicht erinnern, obwohl sie weiß, zu welchem Zeitpunkt und an welchem Ort ihr die Fotografien in die Hände gefallen sind. Lückenhaft bleibt somit nicht die chronologische, sondern die durch die Ratio beglaubigte Einordnung der Fotografien in ihr Leben. Die Zeitspanne zwischen diesen Momenten stellt exakt die nahezu sechzig Jahre der Abwesenheit Austerlitz dar, sie rahmen diese Zeit ein. Da nicht erinnert und somit nicht nachvollzogen werden kann, dass die Einlegung und das Auffinden je stattgefunden haben, bekommen die Fotos als Bestandteil des fiktionalen Textes eine irreale Komponente. Auch wenn die Materialität der Abzüge in Austerlitz' und Věras Gegenwart den greifbaren Beweis für diese beiden Vorgänge darstellt, kann der Leser, der nur ein typografisches Abbild des Abzugs sieht und ihn noch dazu durch die beiden „Fenster" des Austerlitz- und des Erzählerberichts wahrnimmt nicht sagen, wann und wo die Aufnahme gemacht wurde oder wie sie wo überdauert haben kann. Die Zwischenzeit wird durch ihre bloße Weiterexistenz in Frage gestellt. Die Fotos wurden in der Zeit nicht betrachtet und somit weder der Zeitläufte ausgesetzt noch von irgendwem zu einem Zeitpunkt in der Vergangenheit wahrgenommen. So trotzten sie allerdings auch dem üblichen Verfall bzw. konnten nicht verloren gehen, widerstanden sogar der akribischen Inbesitznahme des gesamten Nachlasses der Familie durch die Nationalsozialisten. Durch die Zweifel am Auffinden verwischt Věra die Grenzen zwischen Fantasie und Wirklichkeit. Die Einbindung des Fotos in die Erzählung wird mystisch, die Fotos sind dem Textgeschehen auf eigentümliche Weise entrückt – als wären die Abzüge wie von Geisterhand in die Wirklichkeit der Nacherzählung geschwebt. Nicht nur die Besonderheit, dass sie von der dritten Erzählebene (von Věra, sagte Austerlitz, sagt uns der Erzähler) vorgelegt werden, entrückt die Fotos der Jetztzeit und der Wirklichkeit – auch das Nichterinnern an den Akt des Wiederfindens.
Dem Wissen um ihre tatsächliche Konservierung entspricht die sichtbare Stilllegung der Zeit auf den Fotos. So wie Věra nach Agátas Weggang die Einrichtung ihrer Wohnung konserviert[343], bewahren die Fotos einen Augenblick aus der früheren, glücklichen Zeit. Diese Eigenschaft der Fotografie steht der

342Erst im Aufeinandertreffen des *objet trouvé*, des aufgefundenen Objekts und des Subjekts vollzieht sich die Erhebung des Gegenstandes zur Kunst. „Ziel aller (frühen) surrealistischen Bestrebungen ist die Verwischung der Grenze zwischen Realität (und damit Profanität, Laienhaftigkeit) und Kunst. Um Kunst zum Alltagsgegenstand und Alltagsgegenstände zu Kunst zu machen, eignet sich die Fotografie ausnehmend gut – kann sie doch das eine wie das andere darstellen. [...] Die Surrealisten [haben] als erste Künstlergruppe das Foto auf den Status der Kunst erhoben, indem sie es als die Zeichnung der Zukunft betrachteten." Julia Kraushaar: *Die Bilder in André Bretons 'Nadja'.* Wissenschaftliche Hausarbeit zum Proseminar *Bild und Text in der Französischen Literatur des 20. Jahrhunderts.* Leitung: Dr. Lydia Bauer, TU Berlin, SS 2005.

343Wir erfahren von Věra, dass sie „seit sie mich und meine ihr so gut wie schwesterlich verbundene Mutter verloren hatte, keine Veränderung mehr" erträgt (A 220). Ihre private Umgebung wird so zum Museum für Austerlitz, zum Ort des Stillstands der Zeit. Dieser Ort ist auch der des jahrelangen Wartens auf ein Lebenszeichen von der aus ihrer unmittelbaren Nachbarschaft geraubten Familie, die ihr so sehr ans Herz gewachsen war, und besonders auf einen Brief oder gar die Rückkehr des Jungen, der doch zum Überleben weggefahren ist und sich an sie erinnern müsste. Věra nimmt hier auf diesen Schmerz noch keinen Bezug und hält ihre Emotionen vollkommen zurück. Dieser Umstand ist sicher Sebalds Furcht vor dem „Melodramatischen" geschuldet: „[I]ch [fürchte] das Umkippen ins Melodramatische [...] Dabei geht die ästhetische Authentizität verloren, die auf eine untergründige, intime Weise mit dem Ethischen verbunden ist." (Martin Doerry/Volker Hage/W.G. Sebald: *„Ich fürchte das Melodramatische"*, S.233.) Erst in einem späteren Gespräch berichtet Věra Austerlitz von ihren erfolglosen, „endlos sich hinziehenden Nachforschungen" (A 292) und dem Gefühl, dass das eigene Leben sich „in eine sinnlose Zukunft hinein" (Ebd.) fortsetze.

Nachzeitigkeit, die der *Betrachtung* von Fotos anhaftet (und das mit ihr verbundene Mehrwissen sowie das Vergehen der Zeit während des Betrachtens) diametral entgegen. Barthes formuliert: „Ich lese gleichzeitig. *Das wird sein* und *das ist gewesen*."[344] Aus diesem Gegensatzpaar erklärt sich Austerlitz' „überwältigende[s] Gefühl der Vergangenheit"[345] bei der Betrachtung seines Kinderfotos:

> „Und immer fühlte ich mich dabei durchdrungen von dem Blick des Pagen, der gekommen war, seinen Teil zurückzufordern und der nun im Morgengrauen auf dem leeren Feld darauf wartete, daß ich den Handschuh aufheben und das ihm bevorstehende Unglück abwenden würde.[346]

5.1.3.4 Balzacs Erzählung *Le Colonel Chabert* als Prätext

Die Erzählung Honoré de Balzacs, die Vĕra erwähnt, heißt mit vollem Titel *Le Colonel Chabert* und handelt von einem in der Schlacht von Eylau gefallen geglaubten Oberst, der sein eigenes Begräbnis überlebt und unter den schwierigsten Umständen nach Paris zurückkehrt, um vergeblich seine Identität, seine wiederverheiratete Ehefrau und seinen Besitz einzufordern. Jenseits der offensichtlichen Parallelen[347] zu Austerlitz' Leben ist in diesem Kontext interessant, in welchen buchstäblichen Zusammenhang die Fotografien gebracht werden, wenn sie eingelegt in diese Balzac'sche Erzählung von Vĕra wiedergefunden werden. Sie haben als tote Relikte aus der Vergangenheit, als „nomadische Existenzen"[348] die Zeit der Abwesenheit des Kindes von der elterlichen Wohnung in dem Band überdauert – die Fotos markieren somit diese besonderen Eigenschaften der Fotografie als Medium im Werk *Austerlitz*. Der folgende Abschnitt soll die Verbindungen der Fotografien zu ihrem symbolischen Einlegeort, der Semantik der Balzac-Erzählung aufzeigen.

Die Erzählung vom Leben und Sterben, vom Gestorbensein und Zurückkehren ist Sebalds Erzählung vom Leben der fiktiven Figur Jacques Austerlitz in vielen Dingen ähnlich. Chabert wendet sich nach seiner Rückkehr an einen bekannten Anwalt, um sein Recht auf eine Identität einzufordern und den Anspruch auf seine Besitztümer zu erheben.[349] Um ihm seine Identität zu beweisen, setzt der Oberst die Geschehnisse nach der Schlacht dem Anwalt gegenüber in der direkten Rede auseinander. Da der Blick in den Prätext bei Sebald oft Aufschlussreiches für die Interpretation von Sebalds Foto-Text[350] gegeben hat, wird hier die Stelle in der Balzac'schen Erzählung zitiert, in der vom Stöhnen der Sterbenden die Rede ist, die den lebendig Begrabenen umgeben:

344Roland Barthes: *Die helle Kammer*, S.106 (Hervorhebungen im Text).

345A 263.

346A 264.

347Austerlitz und der Colonel werden auf ein „fremdes Territorium" geschickt, beiden ist die Reintegration in ihr ursprüngliches Umfeld unmöglich. Beide kommen als Überlebende zurück, wo ihre Vertrauten mit dem Tod gerechnet haben oder selbst umgekommen sind.

348„Das ist ja für Photographien typisch, dass sie so eine nomadische Existenz führen und dann von irgendjemand „gerettet" werden." Sebald im Interview mit Scholz, NZZ, S.51

349Bei Austerlitz übernimmt Vĕra die Funktion des Anwalts, um dem Verschollenen zu berichten, was in der Zwischenzeit vorgefallen war.

350Man denke an den *Jäger Gracchus* von Franz Kafka als Prätext zu *Schwindel. Gefühle.*, dessen Motivik in allen vier Erzählungen auftaucht.

« J'entendis, ou crus entendre, je ne veux rien affirmer, des gémissements poussés par le monde de cadavres au milieu duquel je gisais. »
„Ich hörte – oder wenigstens glaubte ich, es zu hören, denn ich will nichts als sicher behaupten – ein Stöhnen, das aus der Masse von Leichen kam, unter der ich lag."[351]

Am offensichtlichsten ist die sprachlich eindeutige Kongruenz des Nomens „gémissements", das von Věra expressis verbis auf französisch[352] genannt wird. Der Halbtote kann das Klagen der *bereits Verstorbenen* hören, wie Věra und Austerlitz, die in ihren Gedanken nun den Gestorbenen näher sind als den Lebenden, dieses Stöhnen ebenfalls zu hören glauben – doch bei ihnen ist dies kein Akt des erinnernden Vergegenwärtigens, sondern eines Hineindenkens in die Fotografie:

"Images enable Sebald to speak the "language of silence," to evoke horror through linguistic muteness countered by visual presences."[353]

Nach Věras kurzem philosophischen Diskurs über die Eigenheit der Fotografie, die Vergangenheit wieder lebendig zu machen, schweigen die beiden und überlassen sich selbst ihren Visionen. Austerlitz sieht „die zu Tal fahrende Schneewolke"[354] (aus dem „letzten Stück von Ibsen", *Wenn wir Toten erwachen*), Věra hört die Verzweiflungsseufzer (die der Oberst im *Chabert* zu hören glaubt), so dass, ausgelöst durch das Medium Fotografie, das Schwelgen in der Vergangenheit zu einem sinnlich erfahrbaren Prozess wird, der das gegenwärtige Dasein (mit seinem Schmerz über den Verlust) für einige Minuten ausblendet und die Vergangenheit zur Gegenwart erhebt, allein durch den Akt der Vorstellung. Im Interview mit Christian Scholz spricht Sebald von dieser Stimulanz mancher Fotografien als einem

„[...] Sog, den sie auf den Beschauer ausüben und ihn sozusagen auf diese ganz ungeheure Art herauslocken aus der realen Welt in eine irreale Welt, also in eine Welt, von der man nicht genau weiß, wie sie konstituiert ist, von der man aber weiß, dass sie da ist."[355]

Austerlitz kommt sich vor wie der Colonel Chabert nach seiner Rückkehr nach Paris, als wäre er „gar nicht vorhanden"[356], er leidet wie Chabert unter einer *demi-folie*[357], unter Zwangsvorstellungen[358] und Angstzuständen[359]. Die Furcht, im falschen Leben bzw. fälschlicherweise noch am Leben zu sein, ist bei beiden Charakteren ausgeprägt. Das Ereignis, das beide vom „richtigen Leben" trennt, ist unumkehrbar, da die Welt um sie herum durch ihren (wenn auch vorübergehenden) Weggang eine andere geworden ist.

351Honoré de Balzac : *Le Colonel Chabert.* In: Ders.: *La comédie humaine: Tome III. Études de mœurs : Scènes de la vie privée/ Scènes de la vie de province.* Gallimard (Pléiade 30) Paris 1976, S.311-373, hier S.325. Deutsche Übersetzung: Honoré de Balzac: *Oberst Chabert.* In: Ders.: *Die menschliche Komödie.* Band 3: *Die Frau von dreißig Jahren. Vater Goriot u.a.* (Ernst Sander (Hg.): Gesamtausgabe in 12 Bänden mit Anmerkungen und biografischen Notizen über die Romangestalten.) Goldmann, München 1998, S.589.

352Austerlitz gibt die französischen Worte aus seiner Erinnerung wieder.

353Susanna Lenné Jones: *What's in a Frame?Photography, Memory, and History in Contemporary German Literature.* Dissertation an der University of Cincinnati 2006, S.103.

354A 261f.

355W.G. Sebald/Christian Scholz: *„Aber das Geschriebene ist ja kein wahres Dokument"*, S.51.

356A 265.

357Pierre Barbéris, *Le Colonel Chabert: Introduction,* in: Honoré de Balzac: *La comédie humaine: Tome III*, S.293-309, hier S.305.

358A 320.

359A 326.

« Laissez-moi d'abord vous établir les faits, vous expliquer plutôt comme ils ont dû se passer, que comme ils sont arrivés. »
„Lassen Sie mich zunächst die Tatsachen berichten und Ihnen eher erklären, wie sie sich zugetragen haben müssen, als wie sie sich wirklich ereignet haben."[360]

Dieser Umgang des Colonel Chabert mit der eigenen Vergangenheit findet im Umgang Věras mit der ersten Fotografie ihre Entsprechung – ihre vergessene Auffindung, die Mutmaßungen über die abgebildeten Personen – auch sie versucht nur zu erklären, wie es hätte sein können.

In Bezug zum zweiten Foto fällt auf, dass der Anwalt, der Gesprächspartner des Oberst eine *costume de bal*[361] trägt, als er zur nächtlichen Anhörung seines Klienten erscheint. Die Nähe zum Ballkostüm, zum Pagen ist gegeben[362] - so wird durch die Situation des Gesprächs in der Erzählung Balzacs das Verwirrspiel noch ausgeweitet. Die Umgebung, in welcher sich der Page nunmehr befindet, ist mit dem verlassenen Schlachtfeld gleichzusetzen, auf dem der Oberst Chabert vorgeblich gefallen ist und in dem er lebendig begraben liegt, ehe er sich unter größter Anstrengung wieder befreien kann.

Austerlitz' Kinderfoto müsste ihm Anlass geben, zu erzählen, schließlich ist er derjenige, von dessen Anwesenheit das Foto Rechenschaft ablegt. Doch in ihm ist „alles [...] ausgelöscht von einem überwältigenden Gefühl der Vergangenheit"[363]. Die Begebenheiten rund um den Maskenball sind ihm durch das Trauma des Kindertransports nicht mehr zugänglich. Der kleine Austerlitz auf dem Feld ist der Wiederkömmling, das Foto ein Beweis, dass er nie gestorben und seine Geschichte wahr ist, seine Traumbegegnungen[364] keine Spinnerei, sondern Bruchstücke aus der Erinnerung an seine Kindheit gewesen sind. Der Wiederkunft der Vergangenheit durch die Fotografie steht die echte Vergegenwärtigung, die wahre Erinnerung gegenüber, denn zwischen den Visionen und dem Pagen auf dem Foto kann Austerlitz keine Linie ziehen. Die Fotografie könnte lediglich von seiner Mutter in Austerlitz' Biografie eingeordnet werden – dies könnte ihr somit den Schrecken der absoluten Vergangenheit, den Austerlitz bei ihrer Betrachtung empfindet, nehmen.

Die Geschichte vom Colonel Chabert erfährt eine neuerliche Erwähnung in der letzten Episode von *Austerlitz*. Dieser sucht in Paris nach den letzten Spuren seines Vaters, wohin dieser Věra zufolge am Vorabend des Einmarsches der Deutschen (und noch vor dem Kindertransport) von Prag aus geflohen war, woraufhin der Kontakt zur Familie abgebrochen war. Der Zusammenhang mit dem Vater wird also hier als unterschwelliger Metatext evoziert: Die vergebliche Suche in der neuen „Riesenbibliothek"[365] löst in Austerlitz die Ersatzhandlung aus, die Geschichte des Colonel Chabert zu

360Honoré de Balzac : *Le Colonel Chabert.* S.324. Deutsche Übersetzung: Honoré de Balzac: *Oberst Chabert.* S.589.
361Honoré de Balzac: *Le Colonel Chabert.* S.321.
362Auch wenn das französische Wort *costume* durch eine starke Begriffsverengung zum (maßgeschneiderten) Anzug für den Mann geworden ist, so ist in dem Ausdruck *costume de bal* doch ein semantischer Mehrwert enthalten, der dem Wort *Gesellschaftsanzug* in der deutschen Übersetzung abgeht.
363A 263.
364Austerlitz berichtet gleich zu Beginn seiner Lebensgeschichte von Visionen: „[...] erst wenn die Müdigkeit mich lähmte und in der Finsternis meine Lider sich senkten, sah ich, für einen unfaßbaren Augenblick, die Mutter, wie sie sich herabneigt zu mir, oder den Vater, wie er lächelnd gerade den Hut aufsetzt." A 66.
365A 395.

lesen. Es ist die Geschichte, die laut Věra diejenigen Fotos freigegeben hat, die sich ehemals im Besitz seiner Mutter befanden. Hinter dieser Lektüre vermutet er eine Verbindung zum Schicksal seines Vaters. Ganze Passagen werden aus dem Werk in der Originalsprache zitiert, und genau wie Austerlitz muss der Leser rückblickend (zurückblätternd) erkennen, dass der „gleich einem Gespenst" erscheinende Colonel tatsächlich Ähnlichkeit mit Austerlitz hat, vor allem in der Wahrnehmung seiner Erinnerungsfetzen, die Austerlitz im Original zitiert:

> « Et quoique ma mémoire de ces moments soit bien ténébreuse, quoique mes souvenirs soient bien confus, malgré les impressions de souffrances encore plus profondes que je devais éprouver et qui ont brouillé mes idées, il y a des nuits où je crois encore entendre ces soupirs étouffés. »[366]

366A 396f. Freilich zitiert Sebald auch an dieser Stelle ohne die geringste Markierung. Die Textstelle findet sich in Honoré de Balzac: *Le Colonel Chabert*. In: Ders.: *La comédie humaine: Tome III. Études de mœurs : Scènes de la vie privée/ Scènes de la vie de province*. Gallimard (Pléiade 30) Paris 1976, S.311-373, hier S.325.

5.2 Fotografien in *Henry Selwyn*

Zwei Fotografien in der ersten Erzählung des Bandes *Die Ausgewanderten* zeigen[367] Ausschnitte aus der brachliegenden Gartenlandschaft um das klassizistische Wohnhaus, in welches der Erzähler mit seiner Lebensgefährtin Clara einziehen möchte. Erst in der hinter dem Haus liegenden, weitläufigen Gartenanlage begegnen sie dem Protagonisten Henry Selwyn, der sie in die „entlegeneren Teile des Gartens"[368] führt. Dieser Rundgang, legitimiert durch die Besichtigung des baldigen Domizils des Ich-Erzählers, erzählt ikonotextlich verdichtend bereits die melancholische Lebensgeschichte Henry Selwyns.

5.2.1 Der Tennisplatz

Der Erzähler beschreibt zunächst einen „von Haselsträuchern gesäumten"[369] Weg, wo „graue Eichkatzen ihr Unwesen"[370] treiben:

> „Der Boden war dicht übersät mit den
>
> 
>
> Schalen der aufgebrochenen Nüsse, und Herbstzeitlose zu Hunderten fingen das schüttere Licht auf, das durch die trocken schon raschelnden Blätter hereindrang."[371]

Diesen eindringlich und romantisch beschriebenen Haselgang kann man im Bild nicht ausmachen, der das Foto umgebende Text steht nicht in direktem Zusammenhang mit dem Motiv. Der Leser wird lediglich davon in Kenntnis gesetzt, dass der schöne Gang zu dem Tennisplatz führt. Er existiert nur im Text, auf visueller Ebene bleibt dem Leser nur der Tennisplatz, der, verwittert und von weißlichen Flecken übersät, einen hässlichen Gegenpol zur ihn umgebenden idyllischen Naturbeschreibung darstellt. Der Erzähler bemerkt zu dem Tennisplatz lediglich die dem Betrachter ebenfalls ins Auge

367Der die Fotografien umgebende Text beinhaltet die Versprachlichung der abgebildeten Motive Tennisplatz, geweißelte Ziegelmauer und Glashäuser, so wird suggeriert, dass die eingeflochtenen Fotografien den Text bebildern sollen.
368DA 12.
369Ebd.
370Ebd.
371DA 12f.

fallende weiße Ziegelmauer zur linken, die, etwa mannshoch, am oberen Rand dunkelt und einen sehr maroden Eindruck macht.

In der beginnenden direkten Rede, die allerdings weder durch Anführungszeichen noch durch einen Absatz gekennzeichnet ist, sagt Selwyn daraufhin:

> „Tennis […] used to be my great passion. But now the court has fallen into disrepair, like so much else around here."[372]

Die Wendung *has fallen into* drückt eine passive Haltung des Sprechers aus – Selwyn übernimmt keine Verantwortung für die Verwahrlosung der Anlage. Ungenutzt verfällt der ehemalige Schauplatz einer Leidenschaft, die Selwyn in seiner Eremitage abgelegt hat. Weder körperlich noch seelisch ist Henry Selwyn zum Tennisspiel in der Lage, da der regelmäßige Kontakt zu einem Spielpartner mit seiner jetzigen Menschenfeindlichkeit nicht vereinbar ist.[373] Der Platz auf dem Foto erzählt nur von seinem Verfall, dessen sichtbare Zeichen dem Betrachter ins Auge stechen. Als ein Ort der früheren sportlichen Leidenschaft Selwyns wird er erst durch die Erzählung mit Bedeutung aufgeladen.

Im Hintergrund befinden sich einige kahle Bäume, in der Bildmitte und am rechten Rand stehen Tannen, die wiederum sehr dicht und dunkel sind. Der einzige Fluchtpunkt befindet sich in der rechten Mitte hinter dem Platz, doch an den in gleichmäßigem Abstand angebrachten Zaunpfählen erkennt der Betrachter, dass auch diese scheinbar offene Stelle durch die Begrenzung des Platzes und des Gartens versperrt ist. Der Blick des Betrachters wird nicht geleitet, die Begrenzung des Platzes, die Mauer und die dichten Nadelbäume in der Bildmitte sind das eigentliche Motiv. Betrachter und Fotograf (Erzähler) entkommen dem hässlichen Platz nicht. Das Foto ist geprägt vom starken Kontrast zwischen dunklen und hellen Partien sowie der doppelten Zweiteilung in der Horizontalen durch die Mauer und die weiße Linie des Tennisnetzes dicht darüber. Wenn mit einem Platz sonst Weite und Offenheit assoziiert werden, ist dieser durch seine im Hintergrund sichtbare Begrenzung und seinen verwahrlosten Zustand ein Sinnbild für den alten Menschen, der über Jahrzehnte eine Mauer des Schweigens um sich gebaut hat, die einzureißen ihm unmöglich scheint.

Weiße und schwarze Flecken auf der Fotografie stehen somit als Äquivalent zu den hellen und dunklen Flecken der Erinnerung. Der ins Weiße zurückkehrende, künstliche Platzboden und die dunkelnden Backsteine der Ziegelmauer stehen als Symptome für eine bei Selwyn einsetzende Veränderung im Umgang mit seiner Vergangenheit und Erinnerung. Das Foto nimmt in einer Allegorie der vergehenden

372Henry Selwyn spricht Englisch, was hier vom Ich-Erzähler nicht übersetzt wird. Es ist der zweite Satz, der auf Englisch wiedergegeben wird – und da er im ersten ebenfalls über sich selbst gesprochen hatte (er fasst seine Stellung im Haushalt mit den Worten „a kind of ornamental hermit" zusammen), kann man den Modus der Wiedergabe in der Fremdsprache hier als Kennzeichen für die Verschlüsselung seiner Persönlichkeit identifizieren. Über den Wechsel zwischen den Sprachen in Sebalds Werk siehe u.a. Danielle Perrot-Corpet/Christine Queffélec: *Citer la langue de l'autre. Mots étrangers dans le roman de Proust à W.G. Sebald.* Presses universitaires, Lyon 2007.

373„Als ich 1960 meine Praxis und meine Patienten aufgeben mußte, löste ich meine letzten Kontakte mit der sogenannten wirklichen Welt. Seither habe ich in den Pflanzen und Tieren fast meine einzige Ansprache." DA35.

Zeit, im Freigeben der früheren Farbe das spätere Geständnis seiner Lebenslüge vorweg: seine wahre Herkunft jahrelang verschwiegen zu haben.[374]

5.2.2 Der Küchengarten

Die zweite Fotografie zeigt einen verwilderten Garten. Hinter den der Linse sehr nahen Auswüchsen von Ästen und Sträuchern sind deutlich zwei Gebäude auszumachen: rechts das quer zum Betrachter stehende Gewächshaus mit einem den Himmel weiß reflektierenden Glasdach, links ein längs stehendes Backsteinhaus, das möglicherweise auch Teil eines Backsteinkomplexes im Hintergrund ist, da eine solche Mauer die beiden Häuser perspektivisch verbindet. Die beiden Häuser und der brachliegende Garten, in dessen Mitte sich der Fotograf befindet, machen einen sehr verwahrlosten Eindruck: Im Dach des Gewächshauses fehlen mindestens zwei Glasbausteine, und die Backsteine des rechten Gebäudes scheinen sich zumindest an der Ecke schon aufzulösen.
Die Unschärfe der Aufnahme, die aus der Nähe der Linse zu den hohen Gräsern der brachen Wiesenlandschaft resultiert, verleiht der Fotografie einen besonderen Ausdruck, eine hohe Unmittelbarkeit. Der Leser befindet sich mit dem Erzähler inmitten des Gartens, nicht auf einem Weg oder hinter einem Zaun. Gleichzeitig wirken manche Halme gar wie Kratzer auf der Linse oder auf dem fotografischen Abzug, unscharfe Zweige erscheinen nunmehr als Schlieren auf der Fotografie und sind nicht als solche erkennbar. Je eingehender die Fotografie betrachtet wird, desto weniger, so scheint es, kann der Betrachter mit der sezierenden Sicherheit des rationalen Blickes über ihr Motiv aussagen.

„Nicht nur der Küchengarten

fuhr er fort, indem er nach den halbverfallenen viktorianischen Glashäusern und den ausgewachsenen Spalieren hinüberwies, nicht nur der Küchengarten sei nach Jahren der Vernachlässigung am Erliegen, auch die unbeaufsichtigte Natur, er spüre es mehr und mehr, stöhne und sinke in sich zusammen unter dem Gewicht dessen, was ihr aufgeladen werde von uns.“[375]

374DA30ff. Seine Vergangenheit und das Heimweh beginnen ihn einzuholen. Seinen erzählenden Befreiungsschlag gibt der Sebaldsche Erzähler unbebildert und als letztes, eindringliches Lebenszeichen Selwyns wieder.
375DA13.

Unmittelbar vor dem Foto steht im Text das Wort „Küchengarten" (aus dem Mund von Dr. Selwyn) – und die Abbildung spricht diesem Wort Hohn. Bei der Wiedergabe der direkten Rede Selwyns wiederholt er die Bezeichnung – eine Erzählstruktur, die nicht selten bei Sebald anzutreffen ist und die eine durch die Länge des Satzes notwendig gewordene Wiederholung des Subjekts, in diesem Fall des Wortes „Küchengarten" beinhaltet. Der Bedeutungsinhalt wird somit dreimal reproduziert: Zweimal in der indirekten Rede Selwyns, auf textlicher Ebene, und einmal eben in der bildlichen Komponente des Ikonotextes. Dabei rahmen die beiden sprachlichen Zeichen das bildliche als Bildüber- und unterschrift ein. Es wirkt, als wolle der Text dem Foto die Sinneinheit „Küchengarten" übertragen, so dass dieser brachliegende verwildernde Teil des Gartens als ein solcher eindeutig zu erkennen wäre.[376]

Schon die Froschperspektive der Fotografie verstellt den Blick auf das, was in diesem Garten wächst: Den tatsächlich wachsenden Zweigen und Halmen ist die Linse zu nah, vom Gewächshaus zu weit entfernt. Was vielmehr tatsächlich abgebildet wird, ist eine *Ahnung* von der unbeaufsichtigten Natur, die dem Betrachter die Sicht auf die menschengemachten, verfallenden Anlagen versperrt. Sie ist durch eine zu große Nähe jedoch wieder unsichtbar geworden. Der Erzähler stellt durch die Einbindung des Fotos an dieser Stelle den Küchengarten in einen direkten Kontext mit der apokalyptischen Bemerkung Henry Selwyns. Für die Fiktionalisierung des Fotos bedeutet dies, dass es auch das von Selwyn erwähnte Gefühl der Überlastung der Natur bebildert: Begibt man sich, so die Suggestion der Fotografie im Text, wie der Fotograf dieses Fotos mitten in die verfallende Gartenlandschaft, nähert man sich Unkraut und Wildwuchs, dann nähert man sich dem Protagonisten an, man leidet – wie er – mit der Natur. Was Selwyn spürt, ist seine eigene Schwäche und Lebensmüdigkeit, die er auf die Natur rückprojiziert, die sich die menschengemachte Anlage (unter Schmerzen, wie er meint) „zurückholt". Das Foto suggeriert die Nähe zum Protagonisten Selwyn in seiner Darstellung der Ruine – das Leben Selwyns selbst ist also als Ruine zu sehen.

Die Halme und Gräser im Vordergrund sind somit das *punctum* der Fotografie[377], das den einfühlsamen Leser auch das Stöhnen hören, das Zusammensinken spüren lassen soll. Das Foto freilich kann dies nicht leisten, es spricht nur die visuelle Komponente des menschlichen Sinnesapparates an. Was die eingehende Betrachtung bewirkt, ist ein angestrengtes Sehenwollen dessen, was es nicht zeigt. Das Foto klärt nicht auf, ob hinter der Tür des Gewächshauses tatsächlich noch etwas wächst – es sagt uns nicht, wo die Spaliere sind und was das früher einmal für Kräuter gewesen sind, die uns nun vor der Nase stehen. Selwyns Assoziation fußt auf seinem Leben im Garten, *as kind of ornamental hermit* [378]– dies hat er uns voraus und wir müssen ihm – blind geworden – glauben, dass die Natur „in sich zusammensinkt".

376Das Foto freilich erlaubt dies nicht – wer zufällig auf diese Seite stößt, wird im Motiv der Fotografie keinen Küchengarten ausmachen können.

377Roland Barthes: *Die helle Kammer*. S.77ff.

378DA 11.

Henry Selwyn kennt die brachliegende Landschaft noch als „einstmals vorbildlichen Garten“, in dem Obst und Gemüse „mit großer Kunstfertigkeit gezogen“[379] wurde. Die unbeaufsichtigte Natur, die Idylle, wird in den Augen Selwyns freilich immer weniger, je stärker die Menschen sich vermehren: Das wenige stöhnt und sinkt in sich zusammen unter allem anderen. Die Natur wird wahrgenommen als ein ganzheitlicher Körper, der unter den zahlreichen Eingriffen des Menschen leidet. Der Rückholprozess der Natur wird wie eine langwierige Krankheit beschrieben. Die Zeit der Künstlichkeit, des Aufrechterhaltens der Lüge ist nunmehr vorüber, die Verwilderung des Gartens gleichbedeutend mit der Rückeroberung der eigenen Lebensgeschichte, einer fortgesetzten Annäherung an die Natur.

5.2.3 Gemeinsamkeiten der Fotos

Beide Fotos haben einige Gemeinsamkeiten: Sie lassen den Himmel erkennen und zeigen einen verwahrlosten, künstlich vom Menschen errichteten Ort, der so, durch die Rückeroberung von Territorium durch die Natur, als Ruine Eingang in Sebalds Text findet. Diese Orte waren einst geliebte Schauplätze der Muse und Erholung, wie Selwyn herausstellt. Ihre Abbildung zeigt den Verfall und nimmt die Zeit mit in das Bild, an die jedes menschliche Wesen gebunden ist. So wird in der Momentaufnahme ein langsamer, stetiger Verwahrlosungsprozess dokumentiert, dessen Dauer in der einzelnen Fotografie selbst unsichtbar bleibt, den Leser überkommt nur eine Ahnung von dieser Tragödie. Das Moment der Nostalgie aber ist in der unscharfen Ruinenfotografie deutlich ablesbar und findet seine Entsprechung im Text, der dem sichtbaren Verfall eine Melancholie entgegenstellt, die in ihrer philosophisch zum Ausdruck kommenden Rückbesinnung der Seele zu verharren scheint.

Zudem verweisen die Motive auf die sowohl in *Max Aurach*[380] als auch in *Die Ringe des Saturn*[381] durch mehrere Fotografien aufgeworfene Leere der Gegenwart[382], den umfassenden Umweltzerstörungsprozess durch die Menschen und die langsame Rückeroberung von Territorien durch die Natur.

379DA 14.

380Das sichtbar fehlende Judenviertel in Manchester aus der Vogelperspektive stellt eine solche Leerstelle nach Zerstörung dar (DA 232). Eine den Himmel und das Bild nahezu gänzlich verdunkelnde Rauchwolke vermittelt eine bedrohliche Weltuntergangsstimmung (DA 266).

381Ein ähnlich verfallenes, mit einem Zaun umringtes Häuschen wird im Text als Mausoleum gekennzeichnet (RS 245)/ Auch die Ruine einer mittelalterliche Burg am Strand von Dunwich ist dem Meer preisgegeben (RS 197)

382Anne Fuchs: *Die Schmerzensspuren der Geschichte*, S.165ff.

6 Schlussbetrachtung

Das Neue an Sebalds Prosa ist die Verbindung von fiktiver Welt und Fotografie, die den Leser durch den Einsatz des Fotos als uncodiertes Medium im Fließtext unmittelbar auf der visuellen Ebene anspricht.

Die aus dem Verständnis der Fotografie als Dokument resultierende unbedenkliche Handhabung des Mediums erfährt in Sebalds Texten eine ironische Brechung. Die Fotos werden erst zu Bedeutungsträgern, wenn der Leser seine Sehgewohnheiten überwindet und dem Text eine übersteigerte Aufmerksamkeit widmet, die über das einmalige Lesen hinaus auf die Koinzidenzen zwischen der eigenen persönlichen Erfahrung (insbesondere dem Bildungshintergrund) und der fiktiven Welt gerichtet sein muss.

Die große Vielfalt von textlichen Hinweisen auf Faktizität in Sebalds Werk wird durch die Einsetzung von Fotos und den so entstehenden Bedeutungsüberschuss noch gesteigert. Der Autor schafft es, ihren Realitätsbezug zu unterwandern und ihnen im neuen Kontext eine Funktion als Gedächtnis- und Orientierungspunkte für den fiktiven Raum zuzuweisen:

> „Fotografien, so kann resümiert werden, stellen eines der wichtigsten Hilfsmittel dar, um den für Sebalds Texte typischen Schwebezustand zwischen faktualem und fiktionalem Erzählen herzustellen.“[383]

Dieser Schwebezustand stellt an den Rezipienten den Anspruch, sowohl Lektüre- als auch Sehgewohnheiten zu durchbrechen und den Foto-Text als eine fruchtbare Basis für die eigene Herangehensweise an die Welt zu lesen.

Während Sebalds Ich-Erzähler mittels verschiedener Erzählstrategien den Eindruck eines fließenden Übergangs von der Fiktion seiner Welt zur Realität des Lesers erreicht und den Text auf diese Weise einem faktualen Bericht annähert, können die Fotos umgekehrt als Fix- und Referenzpunkte, als Vektoren für die Welt der Vorstellungskraft gelesen werden.

> „[Sebald] hat in seinen Büchern ein sehr eigenwilliges – und eben auch einzigartiges – Verfahren entwickelt, das in einer hoch strategischen und zugleich ungeheuer suggestiven Komposition aus Fakten, Fotos und Fiktion jene poetische Wirklichkeit schafft, die den Rahmen von Raum und Zeit souverän ignoriert […]“[384]

Sebalds Verwendung misst dem alten Medium Fotografie eine Bedeutung jenseits der Beliebigkeit zu, die es durch die eklatante Inflation von Bildern in der neuen Medienlandschaft erhalten hat. Der Autor setzt dieser Flut das Buch als Gedenkort entgegen, in dem fiktionale Fotografien als Bedeutungsträger eine wesentliche Rolle spielen, weil sie spiegeln, was der Text nicht darstellen kann: die Leere der Welt. Sie richten durch die subjektive Verflechtung gleichsam eine Forderung an den lesenden Betrachter, den

---

383Torsten Hoffmann/Uwe Rose: *„Quasi jenseits der Zeit“*, S.590.

384Andrea Köhler: *Gespräch mit Toten. W.G. Sebalds Wanderungen durch die Jahrhunderte.* Laudatio auf den Autor aus Anlass der Verleihung des Joseph-Breitbach-Preises. NZZ, 23.9.2000, S.85.

Hoffmann und Rose „Erzähl- und Handlungsimpuls“[385] nennen: das Gelesene und Gesehene auf Relevanz für das eigene Leben abzuklopfen. Gleichzeitig mahnt das ausschweifende fotografische Erzählen zur Verlangsamung, da nur das Kontemplative, das Schreiben und Schauen, der Komplexität der modernen Welt und dem Anspruch auf einen individuellen Blick gerecht werden.
Sebald setzt die Fotos und den Erzähler als strategische Mittel ein, um seinen Erzählkosmos zwischen Erinnerung und Gegenwart, zwischen Realität und Fiktion zu zeichnen. Durch diese Technik wird gleichsam die Verwebung der fiktionalen mit der faktualen Welt aufgezeigt, die dem gleichzeitigen Vorhandensein von Gedankenwelt und Realität des Lesers entspricht. So kann Sebalds Werk zu einem Geschichtsbewusstsein beitragen, das sich aus der individuellen Verantwortung für die Gegenwart ebenso konstruiert wie aus persönlichem Gedenken. In einem eindringlichen Appell fordert uns der Foto-Text auf, unsere Welt, wie sie ist, in Frage zu stellen, denn „mehr als ein Seidentuch“[386] trennt uns nicht von der nächsten Welt.

385Torsten Hoffmann/Uwe Rose: *„Quasi jenseits der Zeit“*, S.582.
386A 84.

7 Literaturverzeichnis

Primärliteratur

WG. Sebald: *Schwindel. Gefühle.* Eichborn, Frankfurt am Main 1990.

W.G. Sebald: *Die Ausgewanderten. Vier lange Erzählungen.* Eichborn, Frankfurt am Main 1992.

W.G. Sebald: *Die Ringe des Saturn. Eine englische Wallfahrt.* Eichborn, Frankfurt am Main 1994.

W.G. Sebald: *Austerlitz.* Carl Hanser, München 2001.

W.G. Sebald: *Campo Santo.* Fischer Taschenbuch, Frankfurt am Main 2006.

Interviews

Carole Angier: *Wer ist W.G. Sebald? Ein Besuch beim Autor der „Ausgewanderten".* In: Franz Loquai (Hg.): *W.G. Sebald.* Eggingen 1997, S.43-50.

Joseph Cuomo/W.G. Sebald: *A conversation with W.G. Sebald.* In: Lynne Sharon Schwartz (Hg.): *The emergence of memory. Conversations with W. G. Sebald.* Seven Stories Press, New York/ London/ Melbourne/ Toronto 2007, S.93-118.

Martin Doerry/Volker Hage/W.G. Sebald: *„Ich fürchte das Melodramatische"*, Spiegel-Gespräch, in: *DER SPIEGEL* 11/2001 (12.3.2001), S.228-234.

Volker Hage/W.G. Sebald: *Hitlers pyromanische Fantasien. W.G. Sebald.* In: Ders.: *Zeugen der Zerstörung. Die Literaten und der Luftkrieg. Essays und Gespräche.* S. Fischer, Frankfurt am Main 2003, S.259-279.

Renate Just/W.G. Sebald: *Im Zeichen des Saturn. Ein Besuch bei W.G. Sebald.* In: Franz Loquai (Hg.): *W.G. Sebald.* Isele, Eggingen 1997, S. 37-42.

Sigrid Löffler: *Wildes Denken. Gespräch mit W.G. Sebald.* In: Franz Loquai (Hg.): *W.G. Sebald*, Eggingen 1997, S.135-144.

Christian Scholz/W.G. Sebald: *„Aber das Geschriebene ist ja kein wahres Dokument". Ein Gespräch mit dem Schriftsteller W. G. Sebald über Literatur und Photographie.* In: *Neue Zürcher Zeitung (NZZ),* 26./27.02.2000, S.51f.

Andere Autoren

Honoré de Balzac: *Le Colonel Chabert.* In: Ders.: *La comédie humaine: Tome III. Études de mœurs: Scènes de la vie privée/ Scènes de la vie de province.* Gallimard (Pléiade 30), Paris 1976, S.311-373.

Honoré de Balzac: *Oberst Chabert.* In: Ders.: *Die menschliche Komödie.* Band 3: *Die Frau von dreißig Jahren. Vater Goriot u.a.* (Ernst Sander (Hg.): Gesamtausgabe in 12 Bänden mit Anmerkungen und biografischen Notizen über die Romangestalten) Goldmann, München 1998.

Franz Kafka: *Der Jäger Gracchus.* In: Ders.: *Beim Bau der Chinesischen Mauer.* Nachgelassene Prosa. Gustav Kiepenheuer, Leipzig/Weimar[6] 1985, S.29-34.

Marcel Proust: *Auf der Suche nach der verlorenen Zeit.* Band 1: *Unterwegs zu Swann.* Suhrkamp, Frankfurt am Main 1994., S.66ff.

Sekundärliteratur

Ana-Isabel Aliaga-Buchenau: *"A Time He Could Not Bear to Say Any More About". Presence and Absence of the Narrator in W.G. Sebald's "The Emigrants".* In: Scott Denham/Mark McCulloh (Hgg.): *W.G. Sebald. History, Memory, Trauma.* (=*Interdisciplinary German Cultural Studies* Volume 1), Walter de Gruyter Berlin/New York 2006, S.141-155.

Hubertus von Amelunxen: *Die aufgehobene Zeit. Die Erfindung der Photographie durch William Henry Fox Talbot.* Nishen, Berlin 1988.

Heinz Ludwig Arnold: *W.G. Sebald: 1944 – 2001.* In: Ders. (Hg.): *W.G. Sebald.* Text+Kritik 158 (2003), S.3-5.

Marcel Atze: *Casanova vor der Schwarzen Wand. Ein Beispiel intertextueller Repräsentanz des Holocaust in W.G. Sebalds* Austerlitz. In: Ders., Franz Loquai (Hgg.): *Sebald. Lektüren.* Edition Isele, Eggingen 2005. S. 228-243.

Marcel Atze: *Koinzidenz und Intertextualität. Der Einsatz von Prätexten in W.G. Sebalds Erzählung „All'estero".* In: Franz Loquai (Hg.): *W.G. Sebald.* Isele, Eggingen 1997, S.151-175.

Marc Augé: *Orte und Nicht-Orte. Vorüberlegungen zu einer Ethnologie der Einsamkeit.* Frankfurt am Main 1994.

Pierre Barbéris, *Le Colonel Chabert: Introduction. In: La comédie humaine: Tome III. Études de mœurs: Scènes de la vie privée/ Scènes de la vie de province.* Gallimard (Pléiade 30), Paris 1976, S.293-309.

Roland Barthes: *Die helle Kammer. Bemerkung zur Photographie.* Deutsch von Dietrich Leube. Suhrkamp, Frankfurt am Main 1985.

Lars Blunck: *Fotografische Wirklichkeiten.* In: Lars Blunck (Hg.): *Die fotografische Wirklichkeit. Inszenierung – Fiktion – Narration.* Transcript, Bielefeld 2010. S.9-36.

Jan Ceuppens: *Tracing the Witness in W. G. Sebald.* In: Anne Fuchs/J.J. Long (Hgg.): *W.G. Sebald and the writing of history.* Königshausen&Neumann, Würzburg 2007, S.59-72.

Richard Crownshaw: *The Limits of Transference. Theories of Memory and Photography in W.G. Sebald's Austerlitz.* In: Astrid Erll/Ann Rigney (Hgg.): *Mediation, remediation, and the dynamics of cultural memory.* De Gruyter Berlin/New York 2009, S.67-90.

Iris Denneler: *Das Gedächtnis der Namen. Zu W.G. Sebalds „Die Ausgewanderten".* In: Dies.: *Von Namen und Dingen. Erkundungen zur Rolle des Ich in der Literatur.* Königshausen&Neumann, Würzburg 2001, S.133-158.

Sonja Dickow: *Latente Bilder. Fotografie, Trauma und Erinnerung in W.G. Sebalds* Austerlitz. Bachelorarbeit an der Universität Hamburg 2010.

Leland de la Durantaye: *The facts of fiction, or the figure of Vladimir Nabokov in W.G. Sebald.* In: *Comparative Literature Studies (CLS)* 45/4, Pennsylvania State University Press 2008, S.425-445.

Carolin Duttlinger: *Traumatic Photographs: Remembrance and the technical media in W.G. Sebald's Austerlitz.* In: J.J. Long/ Anne Whitehead (Hgg.): *W.G. Sebald – A Critical Companion.* Edinburgh University Press, Edinburgh 2005. S.155-171.

Anne Fuchs: *Die Schmerzensspuren der Geschichte. Zur Poetik der Erinnerung in W.G. Sebalds Prosa.* Böhlau, Köln 2004.

Peter Geimer: *Theorien der Fotografie zur Einführung.* Junius, Hamburg 2009.

Gérard Genette: *Fiktion und Diktion.* Fink, München 1992.

Stefanie Harris: *The Return of the Dead. Memory and Photography in W.G. Sebald's* Die Ausgewanderten. In: *The German Quarterly, Sites of Memory* Vol. 74/4, 2001, S.379-391.

Meike Herrmann: *Fiktionalität gegen den Strich lesen. Was kann die Fiktionstheorie zu einer Poetik des Sachbuchs beitragen?* Berlin/Hildesheim 2005.

Torsten Hoffmann/Uwe Rose: *„Quasi jenseits der Zeit". Zur Poetik der Fotografie bei W.G. Sebald.* In: *Zeitschrift für Deutsche Philologie* (ZfDPh)125, 4/2006, S.580-608.

Maya Jaggi, *Recovered Memories. (The Guardian Profile: W.G. Sebald), The Guardian,* 22.09.2001.

Susanna Lenné Jones: *What's in a Frame? Photography, Memory, and History in Contemporary German Literature.* Dissertation an der University of Cincinnati 2006.

Katharina Kasinger: *‚Ein einziges Familienfoto ersetzt viele Seiten Text.' Zur Verwendung von Bildern bei W.G. Sebald.* Diplomarbeit an der Universität Wien 2009.

R.J.A. Kilbourn: *Kafka, Nabokov... Sebald: Intertextuality and Narratives of Redemption in* Vertigo *and* The Emigrants. In: Scott Denham/Mark McCulloh (Hgg.): *W.G. Sebald. History, Memory, Trauma.* (=*Interdisciplinary German Cultural Studies* Volume 1), Walter de Gruyter, Berlin/New York 2006 , S.33-63

Ruth Klüger: *Wanderer zwischen falschen Leben.* In: Heinz Ludwig Arnold (Hg.): *W.G. Sebald.* Text + Kritik 158 (2003), S.95-102.

Marianne Krock: *Oberfläche und Tiefenschicht im Werke Kafkas.Der Jäger Gracchus als Schlüsselfigur.* Marburger Beiträge zur Germanistik, Elwert Verlag Marburg 1974.

Andrea Köhler: *Gespräch mit Toten. W.G. Sebalds Wanderungen durch die Jahrhunderte.* Laudatio auf den Autor aus Anlass der Verleihung des Joseph-Breitbach-Preises. NZZ, 23.9.2000, S.85.

Andrea Köhler: *Die Welt im Auge des Kranichs. W.G. Sebalds nachgelassene Prosa und verstreute Essays.* NZZ, 07.10.2003 (Beilage Frankfurter Buchmesse), S.62/B2.

Andrea Köhler: *Verabredungen in der Vergangenheit. Zum Tod des Schriftstellers W.G. Sebald.* NZZ, 17.12.2001, S.23.

Philippe Lejeune: *Le Pacte autobiographique [Der Autobiografische Pakt].* Editions du Seuil (collection Poétique), 1975, (dt. Übersetzung bei Suhrkamp Ffm 1991).

W.G. Sebald/Sigrid Löffler: *Kopfreisen in die Ferne. Ein Geheimtip: In Norwich, gar nicht hinter dem Mond, lebt und schreibt WG Max Sebald."* In: Franz Loquai (Hg.): *Far from home: W.G. Sebald.* (=Fußnoten zur Literatur 31) Bamberg 1995, S.17-21.

Sigrid Löffler: *„Melancholie ist eine Form des Widerstands." Über das Saturnische bei WG Sebald und seine Aufhebung in der Schrift,* in: Heinz Ludwig Arnold (Hg.): Text und Kritik 158 (2003), S. 103-111.

Matias Martinez/Michael Scheffel: *Einführung in die Erzähltheorie.* C.H. Beck, München[4] 2003.

Claudia Öhlschläger: *Beschädigtes Leben. Erzählte Risse. W.G. Sebalds poetische Ordnung des Unglücks.* (= Reihe Litterae Band 142). Rombach, Freiburg/Berlin/Wien 2006.

Danielle Perrot-Corpet/Christine Queffélec: *Citer la langue de l'autre. Mots étrangers dans le roman de Proust à Sebald.* Presses universitaires, Lyon 2007.

Susanne Schedel: *„Wer weiß, wie es vor Zeiten wirklich gewesen ist?" Textbeziehungen als Mittel der Geschichtsdarstellung bei W.G. Sebald.* Königshausen & Neumann, Würzburg 2004.

W.G. Sebald: *Die Beschreibung des Unglücks. Zur österreichischen Literatur von Stifter bis Handke.* Residenz, Salzburg/Wien 1985.

W.G. Sebald: *Logis in einem Landhaus. Über Gottfried Keller, Johann Peter Hebel, Robert Walser und andere.* Carl Hanser, München 1998.

Alex Seiler: *„Als hätten die Bilder selbst ein Gedächtnis." Zu Bedeutung und Funktion von Bildern in W.G. Sebalds „Austerlitz".* VDM, Saarbrücken 2008.

Martin Siefkes: *Die Landschaft der Zeichen. Eine semiotische Analyse von W. G. Sebalds „Die Ringe des Saturn".* In: PhiN (Philologie im Netz) 49/2009, S. 56–83. (http://web.fu-berlin.de/phin/phin49/p49t3.htm, abgerufen am 20.07.2011)

Susan Sontag: *A Mind in Mourning. W.G. Sebald's travels in search of some remnant of the past.* In: *Times Literary Supplement,* 25.2.2000, S.3.

Susan Sontag: *Über Fotografie.* Carl Hanser, München 1978.

Thomas von Steinaecker: *Literarische Foto-Texte. Zur Funktion der Fotografien in den Texten Rolf Dieter Brinkmanns, Alexander Kluges und W.G. Sebald.* Transcript, Bielefeld 2007.

Antje Tennstedt: *Annäherungen an die Vergangenheit bei Claude Simon und W.G. Sebald* am Beispiel von *Le Jardin des Plantes, Die Ausgewanderten* und *Austerlitz.* Rombach, Freiburg/Berlin/Wien 2007.

Alexandra Tischel: *Aus der Dunkelkammer der Geschichte.* In: Michael Niehaus/Claudia Öhlschläger (Hgg.): *W.G. Sebald. Politische Archäologie und melancholische Bastelei,* Erich Schmidt, Berlin 2006 S.31-45.

Dorian Waller: *Der heimatlose Bastler. Die Melancholie des Ausgewanderten und ihre Bedeutung für die Textgestalt von W.G. Sebalds ‚Max Aurach'.* Magisterarbeit an der philosophischen Fakultät der Universität Wien 2008.

Doren Wohlleben: *Schwindel der Wahrheit. Ethik und Ästhetik der Lüge in Poetik-Vorlesungen und Romanen der Gegenwart* (=Reihe Cultura Band 29), Rombach, Freiburg 2005.

James Wood: *The Broken Estate. Essays on Literature and Belief.* Modern Library, New York 2000.

Frank Zipfel: *Autofiktion. Zwischen den Grenzen von Faktualität, Fiktionalität und Literarität?* In: Simone Winko/Fotis Jannidis/Gerhard Lauer (Hgg.): *Grenzen der Literatur: Zu Begriff und Phänomen des Literarischen. (=ReVisionen 2),* de Gruyter, Berlin 2009, S.285-314.

8 Quellenverzeichnis

Ulrich Rüdenauer: *Buchrezension zu Garth Risk Hallberg: Ein Naturführer der amerikanischen Familie.* In: Sendemanuskript zur Sendung *Passagen*, WDR 3, 20.09.2010.

www.wgsebald.de/sely/sebaldweg.html, abgerufen am 22.07.2011.

www.autopacte.org/pacte_autobiographique.html, (Philippe Lejeune selbst unterhält die Internetseite), abgerufen am 12.7.2011.

Das Literarische Quartett, ZDF (Zweites Deutsches Fernsehen), 14.01.1993.

www.staatsarchiv.lu.ch/index/schaufenster/geschichten_bilder/amateurfilme/bahnhofbrand.htm und www.maison-du-chapeau.ch/luzern/bahnhof.html (Videoausschnitt), abgerufen am 10.07.2011.

9 Abbildungsverzeichnis

Abb.1 (S.36): Schuhe in Auschwitz, 1945, © akg-images.
http://www.demokratiezentrum.org/themen/europa/europaeisches-bildgedaechtnis/auschwitz/abb8-schuhe-in-ausschwitz.html, abgerufen am 23.07.2011.

Abb.2 (S.63): Brand des Luzerner Bahnhofs am 5. Februar 1971, Bildergalerie des Webportals der Stadt Luzern
http://www.stadtluzern.ch/de/dokumente/fotoalbum/welcome.php?action=showpict&picid=97129&galid=6259&arcid=0, abgerufen am 23.07.2011.